Die berühmtesten deutschen Autos aller Zeiten

Für Unterlagen, Abbildungen oder Berichte danke ich den Automobil-Historikern / Buchautoren: Eckhart Bartels, Rudi Heppe, Johannes Kuhny, Reinhard Lintelmann, Rainer Manthey, Peter Michels, Brigitte Podszun und Winfried A. Seidel.

Brilon, im Oktober 1990
Udo Bols (Herausgeber)

c1990
Verlag Podszun-Motorbücher
D-5790 Brilon, Bahnhofstrasse 9
Herstellung Druckhaus Cramer, Greven
DTP Compage Computer, Brilon
Titelbildfoto Reinhard Lintelmann
ISBN 3-923448-67-8

Vom ersten Motorwagen...

Die berühmtesten deutschen Autos aller Zeiten

...bis zum Porsche 928

Inhalts Verzeichnis

1886-1918

Benz Patent Motorwagen, Seite 10

Daimler Motorwagen, Seite 12

Opel Doktorwagen, Seite 14

NSU 8/24 PS, Seite 17

1919-1929

Hanomag Kommissbrot, Seite 20

Opel Laubfrosch, Seite 22

Mercedes-Benz Kompressor, Seite 24

Wanderer Puppchen, Seite 26

DKW Front, Seite 28

Röhr R , Seite 30

1930-1944

Adler Trumpf Junior, Seite 34

Audi 920, Seite 35

Mercedes-Benz 500K/540/K, Seite 36

Maybach, Seite 38

Horch 853, Seite 49

Mercedes Benz 260 Diesel, Seite 42

BMW Dixi, Seite 43

BMW 328, Seite 44

Opel Admiral, Seite 46

1945-1959

Opel Olympia, Seite 50

Mercedes Benz 170, Seite 53

Volkswagen Käfer, Seite 56

Ford Buckeltaunus, Seite 60

Opel Kapitän, Seite 62

Lloyd, Seite 64

Porsche 356, Seite 68

Adenauer-Mercedes, Seite 70

BMW Barockengel, Seite 73

Messerschmitt, Seite 76

Opel Rekord, Seite 78

Borgward Isabella, Seite 80

Mercedes Benz 300 SL/190 SL, Seite 84

Karmann Ghia, Seite 88

Goggomobil, Seite 89

BMW Isetta, Seite 90

Mercedes Benz 220 S/SE, Seite 94

Ford Taunus 17M, Seite 96

Auto Union 1000 Sp, Seite 100

1960-1969

NSU Prinz, Seite 104

Mercedes Benz 600, Seite 106

NSU Ro 80, Seite 108

Porsche 911, Seite 110

Opel GT 1900, Seite 112

1970-1989

Ford Capri, Seite 116

Opel Manta, Seite 120

BMW M1, Seite 124

Audi Quattro, Seite 127

Mercedes Benz 280SL-500SL, Seite 130

BMW 850 i, Seite 134

Opel Calibra, Seite 136

Porche 928, Seite 140

Das erste Automobil: Der Patent-Motorwagen von 1886

Die Motorwagen wurden nicht nur mit Beifall begrüsst

Von den Anfängen 1886 bis zum Ende des ersten Weltkriegs

Schon immer hat der Traum vom selbstfahrenden Wagen die Gemüter der Menschen bewegt. Leonardo da Vinci schuf 1490 ein per Muskelkraft angetriebenes "Fahrzeug", 1769 und 1771 baute der Franzose Nicolas Joseph Cugnot seine Dampfwagen und Nikolaus Otto liess sich 1876 den nach dem Viertaktverfahren arbeitenden Verbrennungsmotor patentieren. 1886 erklärte ein Gericht das Patent für ungültig, denn das Viertaktprinzip wurde bereits 25 Jahre früher von einem französischen Ingenieur - zumindest theoretisch - festgelegt. Anders interpretiert: Jeder der wollte, konnte dieses "Patent" nachbauen, ändern oder verbessern.

Gottlieb Daimler machte davon Gebrauch. Seine Idee: Ein schnellaufender Einzylindermotor, der sich zum Antrieb eines Automobils eignete. Zur selben Zeit beschäftigte sich Carl Benz mit dem Verbrennungsmotor. Beide kannten sich nicht, wussten nicht von der Arbeit des anderen. Das Resultat: Ihre "Motorwagen" wurden auf der Pariser Weltausstellung 1889 gezeigt.

Es war noch ein harter und langer Weg für beide, den Motorwagen salonfähig zu machen. Die stinkenden, knatternden Vehikel wurden keineswegs nur mit Beifall begrüsst. Aber die Anstrengungen wurden belohnt, und was um die Jahrhundertwende wohl niemand vorhergesehen hatte: Das Automobil startete zu einem einzigartigen Siegeszug.

Zügig gewann man immer mehr Distanz zu den Motorwagen mit Riemenantrieb. Die Leistung der Motoren wuchs. Allmählich entwickelten sich die ersten Karosserieformen und findige Köpfe konstruierten all die Dinge, die ein Automobil erst so richtig fahrtüchtig werden liessen: Getriebe und Kupplung, Magnetzünder, sichere Fussbremsen.

Von Jahr zu Jahr gab es mehr Automobilfabriken. Alle standen im harten Wettbewerb zueinander, starteten bei grossen, werbeträchtigen Fahrten, organisierten Grand-Prix-Rennen oder zeigten ihre Entwicklungen auf Ausstellungen. Der Trend war unverkennbar: Wo man vor Jahren im Karosseriebau noch mit Holz gearbeitet hatte, wurde nun Blech eingesetzt. Harte Vollgummireifen gehörten ebenso schnell der Vergangenheit an. Mit Luft gefüllte "Pneumatiks" waren der letzte Schrei.

Als in Europa der erste Weltkrieg ausbrach, hatte das Automobil seine erste Epoche bereits beendet. Während des Krieges lief die PKW-Produktion auf Sparflamme. Automobilhersteller wurden in die Rüstungsindustrie eingebunden und bauten Flug- und Schiffsmotoren.

Nach Ende des ersten Weltkriegs fingen kleine und winzige Firmen an, Automobile zu bauen. Mehr als 100 Unternehmen wollten den Nachkriegsbedarf decken. Zu viele, wie sich bald herausstellen sollte.

Opel 5/12 PS (1911)

Ohne viele Umstände in Gebrauch gesetzt

Wo immer die Rede von der Geburtsstunde des Autos ist, ist auch die Rede von Carl Friedrich Benz und Gottlieb Daimler, jenen Männern, die 1886 - unabhängig voneinander und ohne sich überhaupt zu kennen - die ersten Automobile bauten.

Als am 3. Juli 1886 die Bürger von Mannheim ihre "Neue Badische Landeszeitung" lasen, fanden sie eine interessante Nachricht: "Ein mittels Ligroingas zu betreibendes Veloziped, welches in der Rheinischen Gasmotorenfabrik von Benz & Cie. konstruiert wurde, wurde heute früh auf der Ringstrasse probiert...".

Benz hatte sein erstes Ziel erreicht, der Wagen lief und dort, wo heute Mannheims Wahrzeichen, der Wasserturm steht, ist er zum ersten Mal damit über Mannheims Strassen gefahren.

Benz Patent Motorwagen (1886)

Technische Daten:
offener zweisitziger Dreiradwagen
Motor: 4-Takt, 1 Zylinder, Hubraum: 954 ccm, Leistung: 0,75 PS bei 4000 U/min, Gewicht: 265 kg, Baujahr: 1886

Schon im Jahr 1885 hatte Benz seine Idee zum Patent angemeldet und am 29. Januar 1886 erhielt er vom Kaiserlichen Patentamt unter der Nummer 37435 die Urkunde. In seiner kleinen Werkstatt arbeitete er nun Tag und Nacht an dem Wagen. Rohre wurden gebogen und zu einem Chassis zusammengeschweisst. Die grossen Drahtspeichenräder bestellte er bei der Firma Heinrich Kleyer in Frankfurt, die damals Hochräder herstellte. Den Motor ordnete er liegend hinter dem Sitz an. Ein flacher Lederriemen führte zu einer Welle unter dem Wagen. Auf dieser Achse gab es ein starres und ein durchdrehendes Riemenrad. Vom Führersitz konnte der Riemen über einen Hebelmechanismus vom Leerlaufrad auf das Antriebsrad gelenkt werden.

Eine filigrane Zahnstangenlenkung, die über eine Kurbel auf das Vorderrad wirkte, verschaffte dem Gefährt eine erstaunliche Wendigkeit.

In einem Artikel vom 15. September des Jahres 1886 schreibt der "Mannheimer General-

Carl Benz auf seinem Patent-Motorwagen

BENZ PATENT MOTORWAGEN

Carl Benz am Steuer seines Motorwagens von 1887

Benz-Velo, erstes Serienfahrzeug (1894)

Familie Benz mit einem Vierzylinder (1905)

anzeiger": "Wir glauben, dass dieses Fuhrwerk eine gute Zukunft haben wird, weil dasselbe ohne viel Umstände in Gebrauch gesetzt werden kann und weil es, bei möglichster Schnelligkeit das billigste Beförderungsmittel für Geschäftsreisende, eventuell auch für Touristen werden wird...".

Benz war mit "freudiger Zuversicht" erfüllt. Bis 1894 baute er etwa 25 solcher Dreirad-Motorwagen, die für rund 3000 Mark verkauft wurden.

1893 entstand das erste vierrädrige Modell "Victoria", mit dem sich Benz besonders gern zeigte. Auch die weiteren Neunziger-Jahre-Benz "Comfortable" und "Vis-à-Vis" waren wie Kutschen gebaut und mit langsamlaufenden Heckmotoren ausgestattet. Der Käufer konnte unter einer Vielzahl von Aufbauten wählen: dem offenen Phaeton, dem Landauer mit aufklappbarem Verdeck, es gab Sonnendächer und Glasaufbauten und bis zu acht Sitzgelegenheiten. Diese Modelle brachten Benz vorübergehend an die Spitze der Weltproduktion.

Benz Parsifal Tonneau 10/12 PS (1903)

Noch vor der Jahrhundertwende kam bei Benz ein Viertakt-Zweizylinder-Boxer, der "Contra"-Motor, auf den Markt, der zunächst in die "Dos-à-Dos"-Modelle (Rücken an Rücken) eingebaut wurde. Die "Parsival"-Modelle (1902) trugen den Zwei- oder Vierzylindermotor vorn stehend. Die Weigerung von Benz, Autos mit mehr Leistung und Geschwindigkeit zu bauen, führte Anfang des Jahrhunderts zu einer Absatzkrise. Erst nach dem Ausscheiden von Carl Benz (1903) und Erfolgen bei Rennveranstaltungen wurde die Krise überwunden.

DAIMLER MOTORWAGEN

Daimler Motorwagen (1886)

Die Kutsche fährt ohne Pferde

Gottlieb Daimler hatte schon früh erkannt, dass sich der von Nikolaus Otto erfundene "Gasmotor" bestens zum Antreiben von Fahrzeugen eignen würde. Einen Haken hatte die Sache allerdings: Die Maschinen waren viel zu gross.

1885 - neun Jahre nach Ottos genialer Erfindung - hatten Daimler und sein Mitarbeiter Wilhelm Maybach ihr Ziel erreicht: In ihrer kleinen Werkstatt in Bad Cannstadt entstand ein kompaktes, schnelllaufendes Antriebsaggregat. Diese Maschine baute man ein Jahr später in eine Pferdekutsche ein, in jenes skurrile Gefährt, das schliesslich als "Daimler Motorwagen" in die Automobilgeschichte eingehen sollte.

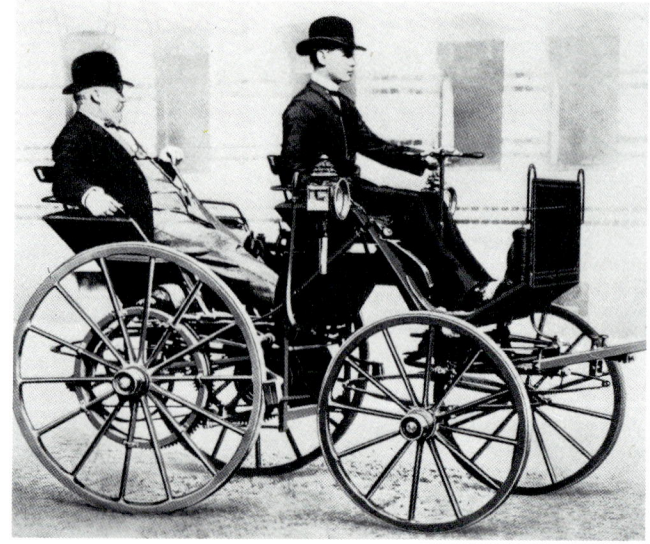
Gottlieb Daimler mit Sohn Adolf

Daimler begann erst 1892 mit dem "Serienbau" und sein Name wurde berühmt: Daimler-Motoren konnten nicht nur Automobile, sondern auch Boote und Flugzeuge antreiben. Diese drei Antriebsmöglichkeiten symbolisieren noch heute die drei Strahlen des

Technische Daten:
Motor: 1 Zylinder, stehend, Hubraum: 462 ccm, Leistung: 1,1 PS bei 600 U/min, Viertakter, Spitze: 18 km/h, Gewicht: 290 kg, Baujahr: 1886

Mercedes-Sterns. Wie kam es überhaupt zu dem Namen "Mercedes"?

Prominenz traf sich 1899 in Nizza, um den Start einer Automobil-Tourenfahrt zu erleben. Darunter ein gewisser Emil Jellinek, der einen "Daimler-Phoenix-Wagen" unter dem Namen seiner kleiner Tochter anmeldete: Mercedes. Und der Mercedes ratterte als erster durchs Ziel. Grund genug für den wohlhabenden Jellinek, Daimler den Alleinvertrieb seiner Wagen in mehreren Ländern anzubieten. Voraussetzung: Die Fahrzeuge mussten ab sofort die Bezeichnung "Mercedes" tragen.

Daimler Taxameter (1899)

Dieser Name wurde zu Beginn des 20. Jahrhunderts zu einem Qualitätsbegriff, besonders durch den Mercedes-Simplex, dessen Karosserie vorzüglich ausgetüftelt war. Mit 60 km/h Spitzengeschwindigkeit für verwöhnte Privatiere ebenso interessant wie für Wettbewerbsfahrer. Der unten abgebildete Simplex wird noch heute auf Oldtimerrallyes bewegt und begeistert das Publikum.

Wilhelm Maybach (heller Anzug)

Mercedes Simplex 28/32 PS (1903)

Der direkte Griff ins Schwungrad

Viele Firmen beschäftigten sich kurz vor der Jahrhundertwende mit dem Automobil. Sie tüftelten und konstruierten im Wettlauf mit der Zeit. Für Opel wäre der "Zug fast abgefahren", hätte man nicht zufällig von der Konstruktion eines gewissen Friedrich Lutzmann erfahren.

Der in Dessau ansässige Hofwagenbauer sorgte, wie andere Genies auch, mit einer eigenen Motorwagen-Konstruktion für Aufsehen. Den Opel-Brüdern gefiel die Konstruktion: sie erwarben 1898 das Patent und kauften Lutzmanns Betrieb gleich mit.

So war bei den ersten in Rüsselsheim produzierten Fahrzeugen zwar vom "Opel-Motorwagen" die Rede, doch der Zusatz "System Lutzmann" verriet Kennern die wahre Herkunft. Opel vermarktete den Motorwagen geschickt. Es gab die unterschiedlichsten Versionen und Ausstattungen. Am besten liefen die Zweisitzer, aber auch Drei- und Viersitzer wurden angeboten.

Opel-Patent-Motor-Wagen

für 2 Personen

Technische Daten:
Motor: Einzylinder-Viertakt, Hubraum: 1500 ccm, Leistung: 4 PS bei 650 U/min, Spitze: ca. 40 km/h, Baujahre: 1899/1900.

Opel Lutzmann 1899

Opel Motorwagen "System Darracq" (1902/1903)

Opel Motorwagen 10/12 PS Tonneau (1902-1905)

Man musste schon etwas Mut haben, um den Motor zum Laufen zu bringen. Eine Andrehvorrichtung gab es nicht, hier half nur der direkte Griff ins Schwungrad. Auch das Lenken mit einem zur Lenkkurbel ausgebildeten "Lenkrad" war gewöhnungsbedürftig. Jeder Handgriff wollte wohlüberlegt sein. Aber: Man hatte ja Zeit. Schnell war der Wagen ohnehin nicht und zwei "Fahrstufen" reichten um die Jahrhundertwende vollkommen aus.

NSU 8/24 PS

Der mit dem Spitzkühler

NSU gehört zu den Firmen, die vor dem Automobilbau jahrzehntelang mit ganz anderen Produkten ihr Geld verdienten: mit Strickmaschinen und Fahrrädern. Den ersten Beitrag zum Automobilbau leistete das Nekkarsulmer Unternehmen 1888: es lieferte Fahrgestelle für Daimlers Stahlradwagen. Eine hauseigene Automobilkonstruktion folgte erst 1906.

Unterschiedliche Modelle von meist nur kurzer Produktionsdauer folgten, bevor NSU 1911 den Typ 8/24 PS präsentierte: auf der letzten Internationalen Berliner Automobilausstellung vor Ausbruch des ersten Weltkriegs. Der 8/24 PS hielt sich bis 1925 im Programm!

Die Serienproduktion begann 1912. Ein Jahr später rollte der 8/24 PS in modernisiertem Outfit über die Strassen, mit Spitzkühler, ganz im Trend der Zeit. Aber das Äussere war damals nicht kaufentscheidend. Vielmehr interessierten die sportlichen Erfolge. Und die konnte NSU reichlich aufweisen. 1913 kehrte der 8/24 PS von der Drei-Länder-Fahrt (Moskau-Berlin-Paris) als Sieger zurück.

Wer die nach dem Krieg produzierten Modelle - quasi die zweite Serie - näher unter die Lupe nimmt, stellt fest: NSU folgte wieder dem Trend. Grössere, stärkere Autos wurden gewünscht. Also verlängerte NSU den Radstand und bohrte den Motor auf. So einfach war das damals!

Technische Daten:
Motor: Vierzylinder-Reihe, Hubraum: 2.100 ccm, Leistung: 24 PS bei 2.800 U/min, Spitze 70 km/h, Preis: ca. 2.800 Reichsmark, Baujahre: 1912 bis 1925

NSU 8/24 PS beim Krähbergrennen 1923

Opel Motorwagen "System Lutzmann" (1899/1900)

NSU 8/24 PS

OPEL DOKTORWAGEN

Zum halben Preis

Von dem Auto als "Gebrauchsgegenstand" war erst ein Jahrzehnt später die Rede. Opel hatte diesen Trend frühzeitig erkannt und präsentierte 1909 ein Automobil, dass sich als geradezu ideal für alle jene erweisen sollte, die beruflich auf einen fahrbaren, möglichst unkomplizierten Untersatz angewiesen waren. Die vorrangige Zielgruppe: Ärzte!

Ihnen, aber auch anderen Berufsgruppen, machte die Werbung ein Fahrzeug schmackhaft, das man bequem allein, ohne Chauffeur, auf allen Strassen bewegen konnte. Für das schnelle Vorwärtskommen sorgten 8 PS und die Kraft wurde sogar über ein Dreiganggetriebe auf die Hinterachse übertragen. Eine vernünftige Fussbremse gab es auch.

Reifenpannen zählten damals zur Tagesordnung. Überall lagen Hufnägel herum. Opel vereinfachte durch komplett abnehmbare Felgen den Reifenwechsel. Ein Automobil mit solchen Annehmlichkeiten musste sich einfach gut verkaufen: Opel konnte den Doktorwagen dank enormer Nachfrage gegenüber dem Vorgängermodell zum halben (!) Preis anbieten. Fazit: Der Doktorwagen war das Automobil, das Opel zum grossen Durchbruch verhalf - vorerst zumindest.

Technische Daten:
Motor: Vierzylinder-Reihe, Hubraum: 1.000 ccm, Leistung: ca. 8 PS bei 1.500 U/min, Spitze 55 km/h, Baujahre: 1909/1910.

Opel Doktorwagen 4/8 PS (1909)

Der Siegeszug des Automobils ist unaufhaltsam

Die zwanziger Jahre

Der glanzvolle Pariser Salon im Herbst 1919 war der Auftakt zu einem der interessantesten Kapitel internationaler Automobilgeschichte. Es gab eine noch nie dagewesene Typenvielfalt. Neue Herstellungsmethoden, verbesserte Technik, andere Werkstoffe eröffneten den Produzenten ungeahnte Möglichkeiten. In dieser Zeit entstand das mit Abstand kontrastreichste Automobilangebot überhaupt: Vom Kleinwagen für zwei Personen bis zum rassigen Rennsportwagen.

Trotz der Nachkriegszeit waren Luxusmobile gefragt. Reiche Kundschaft, die sich sogar einen Chauffeur leisten konnte, war bereit, tief in die Tasche zu greifen. Aber auch das Gegenteil war gefragt: einfache, kostengünstige Gebrauchswagen. Nur: solide mussten sie sein! Automobilhersteller schielten deshalb nach Amerika. Einen günstigen Wagen - wie dort die "Tin-Lizzy" - konnten sie nur anbieten, wenn auch hier Henry Fords Fliessbandsystem arbeiten würde. Dass das möglich war, bewies Opel mit seinem Laubfrosch.

Neue Perspektiven der Produktion öffneten sich, als immer mehr Hersteller ihre Modelle auch in geschlossenen Limousinen-Versionen anboten. Man fuhr den geschlossenen Wagen selbst. Wer sich immer noch fahren liess, wählte eine Ausführung mit geschlossenem Fond und offenem Fahrerabteil. Langsam kamen die Holzspeichenräder aus der Mode. Stahlscheiben- oder Speichenräder setzten sich durch, betonten den sportlichen Charakter. Sortlich - das war die neue Devise. Immer mehr Marken nahmen an grossen Rennen teil. Hochleistungswagen, speziell für den Wettbewerb gebaut, faszinierten das Publikum.

Wachsende Automobilindustrie, das bedeutete Ausbau des Strassennetzes. Immerhin war der Verkehr noch überwiegend auf Pferd und Wagen ausgerichtet. Vorausschauende Planer befassten sich aber bereits mit der Idee, Strassen ausschliesslich für Autos zu bauen: die Autobahn! Der Anfang wurde mit der AVUS (Automobil-, Verkehrs- und

Mercedes-Benz Sechszylinder mit Kompressor (1924)

Avus-Rennen 1923

Mercedes-Benz SSK (1928)

Übungsstrasse) in Berlin gemacht. Die Mehrzahl aller Strassen waren natürlich noch bessere "Wege". Reifenpannen, technische Probleme gehörten zur Tagesordnung. Um dem Autofahrer unterwegs helfen zu können, wurde 1928 ein Dienstleistungsunternehmen besonderer Art gegründet: der "Allgemeine Deutsche Automobilclub", der ADAC.

Und noch etwas war in den zwanziger Jahren aussergewöhnlich: Musste man früher den Sprit in Apotheken oder Drogerien kaufen, so tauchten immer mehr "Strassenzapfstellen" auf. In Hannover (am Raschplatz) gab es 1923 gar das erste deutsche "Tankhaus".

NSU Limousine 5/25 PS

HANOMAG KOMMISSBROT

Auf eigene Gefahr ins Verderben

Fidelis Böhler baute 1923 in Berlin einen Prototypen. Hanomag kam, sah und übernahm Konstruktion samt Konstrukteur. Kein schlechter Fang. Das Fahrzeugkonzept war in vielen Details seiner Zeit voraus.

Um Platz zu gewinnen, wurde auf Kotflügel und Trittbretter kurzerhand verzichtet: quasi die erste Pontonkarosserie für einen Gebrauchswagen. Und das immerhin 25 Jahre vor Nachfolger Borgward! Der Volksmund war bei solch ungewöhnlicher Karosserie natürlich gleich zur Stelle: Kommissbrot.

Betrachten wir den Wagen von der technischen Seite. Die Vorderachse wurde mit zwei übereinanderliegenden Querblattfedern unabhängig gefedert. Es gab nur einen Mittelscheinwerfer, dafür aber gleich zwei Hupen und einen Scheibenwischer mit je einem Blatt für aussen und - innen! Der Einzylinder-Motor war vor der differentiallosen Hinterachse angebracht.

Technische Daten:
Motor: Einzylinder stehend, Hubraum 502 ccm, Leistung: 10 PS bei 2.500 U/min, Spitze: 60 km/h, Preis ca. 2.500 Reichsmark, Baujahre: 1925 bis 1928

HANOMAG KOMMISSBROT

Hanomag Kommissbrot 2/10 PS

Trotz der simplen Technik avancierte das Kommissbrot zum meistgebauten und populärsten Automobil seiner Zeit. Hanomag produzierte in drei Jahren mehr als 15.000 Stück. Erst später übertrafen der Opel-Laubfrosch oder der Dixi diese Zahl.

Das hier gezeigte Kommissbrot aus dem Automuseum Ibbenbüren gehört zu den wenigen, die absolut dem Original entsprechen. Selbst die am Armaturenbrett montierten Hinweistäfelchen sind noch erhalten: Ein Emailleschild mit den wichtigsten Verkehrszeichen oder der warnende Hinweis für den Beifahrer, dass er sich "auf eigene Gefahr ins Verderben" stürzt.

Hanomag Kommissbrot 2/10 PS

OPEL LAUBFROSCH

Der kleine Unterschied

Was Citroen recht war, konnte Opel nur billig sein. In Rüsselsheim beabsichtigte man, einen ähnlichen Kleinwagen zu bauen, wie ihn Citroen 1920 geschaffen hatte: preisgünstig, komfortabel, wendig. Ein Auto, das sich "jeder" leisten konnte. Derartige Bedingungen konnten nur durch hohe Stückzahlen erreicht werden. Und hohe Stückzahlen hiess: rationelle Fertigungsmethoden.

1924 war es so weit. Unter der Bezeichnung 4/12 PS betrat das Gefährt 1924 die Automobilszene. Das erste Automobil, das in einer Grosserie gebaut wurde. Grün lackiert, hatte das Wägelchen bald seinen Spitznamen gefunden: Laubfrosch.

Hatten sich die Rüsselsheimer zu sehr an dem französischen Vorbild orientiert? Nachdem ein Journalist 1924 schrieb, bei dem Laubfrosch handele es sich wohl um einen Lizenzbau des Citroen 5 HP, stand für Citroen fest, dass der Opel nichts anderes als eine "Raubkopie" ihres 5 HP sei.

Opel 4/12 PS und dahinter 4/14 PS

Technische Daten:
Motor: Vierzylinder Reihe, Hubraum: 951 ccm, Leistung: 12 PS bei 2.200 U/min, Spitze: 66 km/h, Preis ca. 4.000 Reichsmark, Baujahre: 1924 bis 1925

Opel 4/12 PS Laubfrosch (1924)

OPEL LAUBFROSCH

Opel 4/12 PS Laubfrosch (1924)

Es kam zur Klage. Beweise hatten die Franzosen reichlich. Der Opel ähnelte dem Citroen nicht nur äusserlich, auch von der Technik her gab es Punkt für Punkt Gemeinsamkeiten. Opel sah das anders: Immerhin habe ihr Laubfrosch mehr Leistung und ausserdem trage er ein Opel-Emblem am Kühlergrill! Das leuchtete den Richtern ein, und weil Citroen für seinen 5HP nie Gebrauchsmusterschutz angemeldet hatte, konnte der Laubfrosch keine Kopie sein! Wie dem auch sei: Opels 4/12 PS wurde ein Longseller.

Opel 4/14 PS (1924/25)

Der Laubfrosch war der Urahn der erfolgreichen Opel-Kleinwagen-Baureihe. Der erste preiswerte "Volkswagen" wurde rationell und kostengünstig "am laufenden Band" produziert. Ab Herbst 1924 konnten neben dem Laubfrosch ein offener Dreisitzer, eine 3-Platz-Limousine und ein Kastenwagen geordert werden, mit längerem Fahrgestell und einem auf 14 PS verstärkten Motor. Daneben blieb der Zweisitzer 4/12 PS im Programm bis Spätherbst 1925.

Opel 4/14 PS (1926)

MERCEDES BENZ KOMPRESSOR

Modell SSK (1928-1930)

Hundertachtzig Pferdestärken

Sie sind die interessantesten Produkte, die nach der Fusion von Daimler und Benz präsentiert wurden: Die Kompressorwagen S, SS, SSK und SSKL. "S" wie Sport, "SS" wie Super Sport, "SSK" wie Super Sport Kurz und "SSKL" wie Super Sport Kurz Leicht.

Der "S" debütierte 1927 und war für den Sporteinsatz prädestiniert. Er basierte auf einem Niederrahmenfahrgestell von nur 1.270 kg. Der zuschaltbare Kompressor putschte bei Bedarf die Leistung der 6,8-Liter-Maschine von 120 PS auf 180 PS hoch.

Der "SS" verfügte über einen 7,1-Liter-Hubraum, war aber wie der "S" für den Wettbewerbsport mit zu langem Radstand behaftet. Der "SSK" mit seinem kürzeren Radstand liess sich schneller in enge Kurven ziehen. Der "SSKL" schliesslich war abgespeckt, leichter als seine Artgenossen.

Billig waren sie nicht, die Kompressorwagen. Auch die etwas unauffälligeren Reisewagen galten als äusserst nobel. Unzählige Karosserieversionen und Sonderaufbauten waren zu haben, konnten nach individuellen Wünschen bestellt werden. In Fachkreisen gelten heute die Kompressorwagen, die nur in geringer Stückzahl gebaut wurden, als absolut gewinnbringende Geldanlage.

Technische Daten: (SSK)
Motor: Sechszylinder Reihe, Hubraum: 7.065 ccm, Leistung: 180 PS bei 3.300 U/min, Spitze: 192 km/h, Preis ca. 33.000 Reichsmark, Baujahre 1929 bis 1930

Modell SSKL (1931)

Modell SS Cabriolet von Castagna

Mercedes-Benz Sport-Viersitzer Modell K (1928)

Puppchen, Du bist mein Augenstern

Bei der Uraufführung einer Kollo-Operette rollte der neue Wanderer-Kleinwagen W1 als Dekoration auf die Bühne: gerade in dem Augenblick, als das Lied "Puppchen, Du bist mein Augenstern" gesungen wurde. Die Gelegenheit liess sich der Volksmund nicht entgehen; der Spitzname "Puppchen" setzte sich durch und hielt konsequent bis zur letzten Version. Das Puppchen kam an, es wurde ein Verkaufsschlager und brachte den Wanderer-Werken in Schönau bei Chemnitz bis dahin nicht gekannte Popularität.

Im Krieg bewährte sich der W1 als Meldewagen. Später wurde er, immer auf dem selben Fahrgestell, zum Drei- und Viersitzer weiter-

Wanderer Puppchen

WANDERER PUPPCHEN

Wanderer W8

entwickelt. In der W8-Version (ab 1925) erhielt das Puppchen den letzten Schrei damaliger Fahrzeugtechnik: dicke Wulst-Ballonreifen. Sinnvollere Details, zum Beispiel eine Vorderradbremse, führte Wanderer erst Monate später ein.

Der hier gezeigte W8 aus dem Automuseum Ibbenbüren wird noch heute regelmässig gefahren. Unter seiner Haube: Der Original-Motor mit hängenden Ventilen. Die Kipphebel für die Ventile sind nicht dem Ölkreislauf angeschlossen. Sie müssen auch heute noch vor jeder Fahrt nach Abheben des Ventildeckels mit dem an der Spritzwand angebrachten Ölkännchen geschmiert werden!

Nicht original an diesem Puppchen sind Winker und Rückstrahler, sie wurden als Sicherheitszubehör eingebaut. Ebenso ist die Auspuffklappe - sie diente als Signalhorn - nachträglich zugeschweisst, weil sie ab Ende der zwanziger Jahre nicht mehr zulässig war. Über 9000 Puppchen der Typen "W1" bis "W8" wurden von 1912 bis 1926 gebaut. Stückzahlen, die Wanderer später nicht mehr erreichen konnte. 1932 wurde Wanderers Automobil-Abteilung von der Auto Union übernommen.

Technische Daten: (Wanderer W8)
Motor: Vierzylinder Reihe, Hubraum 1.306 ccm, Leistung: 20 PS bei 2.000 U/min, Spitze: ca. 80 km/h, Preis: ca, 5000 Mark, Baujahre: 1925 bis 1926 , der W1 wurde ab 1912 gebaut

Armaturen Wanderer W8

Das kleine Wunder

Pläne, einen einfachen und robusten Personenwagen zu bauen, raubten dem dänischen Ingenieur Jörgen Skafte Rasmussen den Schlaf. 1920 hatte ein kleiner Spiel-Zweitaktmotor sein Interesse erregt. Er wollte mehr daraus machen, irgendwie musste sich dieser Motor doch zum Betrieb eines Autos weiterentwickeln lassen. Und tatsächlich gelang Rasmussen zunächst ein Fahrradhilfsmotor, dann ein Motorradmotor und 1928 erfüllte sich sein Traum: Der Produktion eines Zweitakt-Automobils mit Heckantrieb stand nichts mehr im Weg. Der DKW war einfach in der Herstellung und lief im Alltagsbetrieb relativ störungsfrei.

Der erste serienmässige DKW, Roadster 600 ccm

Aber Rasmussen wollte mehr. Noch Ende der zwanziger Jahre schmiedete er Pläne für eine neue Modellreihe. Zusammen mit Audi entwickelte er seinen ersten "Front" angetriebenen Wagen. Das Resultat: Ab 1931 gab es den DKW-Front zu kaufen. Das Publikum reagierte zunächst skeptisch, doch der "Front" setzte sich durch, Rasmussen musste die Produktion ständig erhöhen.

DKW F 5 K 700

DKW F1

DKW FRONTTRIEBLER

DKW F 5 Luxuscabriolet

Dieser erste deutsche Grosserienwagen mit Frontantrieb besass einen quer zur Fahrtrichtung eingebauten Motor, ein Konzept, das erst Jahrzehnte später zur Selbstverständlichkeit wurde. Bei der Weiterentwicklung hielt sich Rasmussen konsequent an die Bezeichnung "F" wie Frontantrieb. Dem F1 folgte der F2 usw. Der bekannteste Nachfolgetyp war der DKW F5, der von einem 700-ccm-Motor mit der von DKW patentierten "Schnürle-Umkehrspülung" angetrieben wurde, jenem System, das den Betrieb eines Zweitakters wirtschaftlich und zuverlässig machte.

Die kleinen DKW zählten zu den meistgefahrenen Automobilen in Deutschland. Aber, so bekannt sie auch waren, bei der Deutung der Buchstaben DKW stösst man heute noch auf Widersprüche. Eigentlich kann DKW nur für "Das kleine Wunder" stehen.

Technische Daten: (DKW F1)
Motor: Zweizylinder-Zweitakt, Hubraum: 584 ccm, Leistung: 15 PS bei 3.500 U/min, Spitze 75 km/h, Preis: 1.825 Mark, Baujahre: 1931/1932

Der sicherste Wagen der Welt

Sie waren die Sensation auf der Berliner Automobilausstellung 1928: Die Röhr 8-Zylinder-Wagen. Mit Recht, wie wir heute wissen. Denn mit ihnen begann die Entwicklung des modernen Automobils. Bis dahin verliess man sich auf trampelnde Starrachsen, baute hohe Karosserien und verwindungsfreudige Rahmen, gab sich mit einer gefühllosen Schneckenlenkung zufrieden.

Technische Daten: (Röhr R)
Motor: Achtzylinder-Reihe, Hubraum: 2.246 ccm, Leistung: 50 PS bei 3.250 U/min, Spitze: 100 km/h, Preis: 8.450 Mark, Baujahre: 1928 bis 1930

RÖHR "R"

Röhr 8 Cabriolet 13/75 PS

Gustav Röhr zeigte, dass es besser ging. Sein Beispiel war so überzeugend, dass bald alle fortschrittlichen Fahrgestelle nach seinem Vorbild konzipiert wurden. Bereits 1922 entwickelte Röhr Prototypen, die durch leichte Tiefbettkastenrahmen und unabhängige Federung mehr Komfort boten, als konventionelle Automobile. Eines dieser Ergebnisse nannte sich "Röhr R" und mit Recht wurde dieser Wagen mit dem Slogan "Das sicherste Auto der Welt" beworben. Leider kam der "R" in der Wirtschaftskrise auf den Markt. Die unterkapitalisierte Firma stand vor dem Konkurs. Röhr ging zu den Adler-Werken.

Nach dem Konkurs übernahm eine Schweizer Finanzgruppe die alte Firma. Sie beauftragte Porsche mit der Überarbeitung der gesamten Konstruktion. Das Chassis wurde im Prinzip beibehalten. Unter der Haube arbeitete ein völlig neuer 8-Zylinder mit hoher Leistung. Den Namen Röhr konnte man jetzt in einem Atemzug mit Maybach, Horch oder Mercedes-Benz nennen. Dennoch blieben relevante Verkaufszahlen aus. Der exclusive Röhr F brachte es auf gerade 250 Exemplare.

Die Zeit der klassischen Automobile

Die dreissiger Jahre

Die dreissiger Jahre, das war die Zeit, in der die typischen Klassiker entstanden. Raritäten wie Mercedes-Benz Kompressorwagen, Maybachs Zeppelin oder Horchs 853. Von der Stückzahl her, waren sie nicht der Rede Wert, aber sie waren die Wagen, die auf den zahlreichen Automobilausstellungen für Gesprächsstoff sorgten.

Aber es waren auch schwere Zeiten. Viele Unternehmen mussten während der Weltwirtschaftskrise ums Überleben kämpfen. Konkurse waren an der Tagesordnung. DKW, Audi, Horch und Wanderer schlossen sich zur Auto-Union zusammen, um die Existenz zu sichern.

Trotz dieser Schwierigkeiten blieb der Fortschritt keineswegs auf der Strecke. Verbesserungen auf dem Gebiet der Fahrwerktechnik, gepresste Ganzstahlkarosserien und Servobremsanlagen zählten, zumindest in der oberen Klasse, bald zum Standard. Die Karosseriebaubetriebe hatten Konjunktur. Viele Kunden orderten nur das Fahrgestell, liessen sich den Aufbau individuell gestalten. Avantgardistische Formen entstanden. Windschlüpfrige Stromlinien-Karosserien machten die Autos schneller.

Mercedes-Benz präsentierte den ersten Diesel-PKW. Das Konzept setzte sich durch. Andere Überlegungen oder Weiterentwicklungen, oft bereits als Prototyp ausgebildet, blieben in unvollendeter Phase stecken. Mit dem Ausbruch des zweiten Weltkrieges ging die Produktion von Personenwagen rapide zurück. Automobilhersteller stellten ihre Produktion auf Rüstungsgüter um.

Hansa 1100 Cabriolimousine (1934)

Opel Admiral (1937/38)

ADLER TRUMPF JUNIOR

Über hunderttausend Trümpfe

Er wartete mit der ersten Lenkradschaltung der Welt auf: Der Adler Trumpf Junior. Von Röhr und Dauben entwickelt, war er der Nachfolger der Röhr-Wagen, natürlich mit Frontantrieb und unabhängiger Federung. Neben dem Primus war der Trumpf der erfolgreichste Adler und wesentlich moderner.

Die Kastenplattform war mit der Karosserie fest verbunden, fast eine selbsttragende Karosserie. Als Trumpf Junior erschien der Wagen 1934, zunächst mit kunstlederüberzogener Leichtbaukarosse. Die anspruchsvollere Stahlblechversion folgte. Ab 1936 bot Adler den Trumpf Junior als Limousine, Cabrio-Limousine und als sportlichen, offenen Zweisitzer an. Viele Karosseriebauer, vor allem Karmann in Osnabrück, kleideten den Wagen mit gelungenen Aufbauten ein.

Technische Daten: (Junior 1. Serie)
Motor: Vierzylinder Reihe, Hubraum: 995 ccm, Leistung: 25 PS bei 4.000 U/min, Spitze: 90 km/h, Baujahre: 1934/1935

Ende 1939 rollten über 100.000 Trümpfe auf Landstrassen und Autobahnen. Pläne, den erfolgreichen Typ auch nach dem Krieg wieder aufzulegen, konnten nicht verwirklicht werden. Prototypen wurden verschrottet. Einen Beitrag zur Massenmotorisierung leistete Adler erst wieder in den fünfziger Jahren: mit einem Motorroller.

AUDI 920

Fünfundzwanzig Jahre Pause

Mit einem aufwendig gestalteten Katalog warb Audi schon lange vor der Präsentation seines berühmten, letzten Vorkriegswagens. Mit Erfolg: Bis zum Januar 1939 lagen über 200 Vorausbestellungen vor! Die Käufer wurden nicht enttäuscht. Ein geniales Automobil war entstanden.

Als Motor des Heckantrieb-Wagens diente der bewährte Reihen-Achtzylinder des Horch (um zwei Zylinder "gekürzt"). Das Fahrgestell erinnerte an Wanderer-Automobile und von DKW lieh man sich die hintere Schwebeachse. Der Innenraum erinnerte an amerikanische Vorbilder.

Verbesserungen wurden während der gesamten Bauzeit kaum angebracht. Zwar plante man, die Endgeschwindigket zu erhöhen. Aber die Einführung des Tempolimits von 100 km/h auf Autobahnen (das gab es damals schon!) stoppte dieses Vorhaben. Pläne für die vierziger Jahre gab es reichlich, doch der Kriegsausbruch verhinderte die Verwirklichung. Wer Audi treu bleiben wollte, musste eine Pause von 25 Jahren einlegen: bis zum Comeback 1965 in Ingolstadt.

Technische Daten:
Motor: Sechszylinder Reihe, Hubraum: 3.281 ccm, Leistung: 75 PS bei 3.000 U/min, Spitze: 130 km/h, Preis: ca. 8.500 Mark, Baujahre: 1938 bis 1940

MERCEDES BENZ 500K/540K

Traumwagen der dreissiger Jahre

Mit den Typen 500 K und 540 K verband sich nocheinmal der Welterfolg der S und SS Modelle. Sie waren zwar nicht so sportlich, aber unter den gewaltigen Hauben verbarg sich eine faszinierende Technik. Die Linienführungen der verschiedenen Karosserieaufbauten waren ausserordentlich elegant. Und in den mehr als 50 Jahren, seit es diesen Traumwagen gibt, hat sich die Faszination unaufhaltsam gesteigert.

Der 500 K, der 1934 erscheint, basiert auf dem Sportwagen-Typ 380, einem Vollschwingachser mit Aufhängung der Vorderräder an Parallelogramm-Lenkern, die sich nun auch vorne der Schraubenfedern bedienen. Der Nachfolger 540 K setzt die Reihe der schnellen Kompressorwagen fort und beschliesst sie mit Beginn des Krieges.

Was aus den Trümmern des Dritten Reiches gerettet werden konnte, wurde inzwischen von Liebhabern auf der ganzen Welt restauriert. Früher waren es die Grossen dieser Welt, die solche Autos besassen. Heute sind es die Liebhaber klassischer Automobile, die mit grossem finanziellen und ideellen Aufwand diese Schmuckstücke erhalten.

Sporttyp 380 mit Kompressor (1933)

Mercedes-Benz 770 Cabriolet (1938)

MERCEDES BENZ 500K/540K

Technische Daten: (500 K/540K)
Motor: Achtzylinder Reihe, Hubraum: 5.018/5.401 ccm, Leistung: 160/180 PS, Spitze: 160/170 km/h, Gewicht: bis 2.500 kg, Verbrauch: 27/29 Liter, Preise: 22.000 bis 28.000 Mark, Baujahre: 1934 bis 1939

Sporttyp 500 K (1933)

Mercedes-Benz 770 (1930-1936)

Mercedes-Benz 540 K Cabriolet

Mercedes-Benz 500 K Cabriolet

Zwölfzylinder Luxusmobil

Maybach: Eine Luxusmarke, die man in einem Atemzug mit Horch und Daimler-Benz nennen muss. Zunächst bekannt für Luftschiffe und Flugzeugmotoren, begann der Automobilbau bei Maybach 1922 mit dem "W3". Er besass einen elastischen Motor, der ohne Getriebe auskam.

Mitten in der Weltwirtschaftskrise erschien 1929 der berühmte "Zeppelin" mit 12-Zylinder-Motor. Ein Nobel-Mobil von bester Qualität, das in 12 Jahren allerdings nur 340 Käufer fand. Ein kleinerer Wagen musste ins Programm. Deshalb nahm Maybach ab 1935 die Produktion des "SW35" auf (SW wie Schwingachse). Der Hubraum des 3,5-Liter-Motors wuchs aber rasch an. Aus dem SW35 wurde der SW38, dem das Modell SW42 folgte. Wer meint, der Hubraumvergrösse-

Maybach SW 35

rung folge logischerweise auch ein Leistungsanstieg, irrt. Maybach musste den Hubraum wegen der immer schlechter werdenden Benzinqualität notgedrungen vergrössern. Es gab keinen anderen Weg, die 140 PS zu halten.

Maybach Zeppelin (6-7 sitzige Pullmann-Limousine)

MAYBACH

Maybach SW 38 (6-7 sitziges Cabriolet als Coupé aufgeklappt)

Maybach SW 38 Cabriolet

Technische Daten: (Maybach Zeppelin) Motor: Zwölfzylinder in V-Form, Hubraum: 6.962 ccm, Leistung: 150 PS bei 2.800 U/min, Spitze: 145 km/h, Preis: ca. 30.000 Mark, Baujahre: 1930 bis 1934

Wie bei Luxuswagen üblich, beschränkte sich Maybach auf den Bau von Chassis. Die Aufbauten wurden auswärts bei einschlägigen Karosseriebauern hergestellt.

Das technisch interessanteste Detail eines Maybach ist die Funktionsweise seines Getriebes. Es wird über zwei kleine Hebelchen direkt an der Lenkradnabe geschaltet. Man brauchte nur das Gas wegzunehmen, die Hebel in ihre entsprechende Position zu bringen, und schon war man - ohne zu kuppeln - im nächsten Gang. Der Mittelschalthebel diente zum Einlegen des Rückwärtsgangs und zum Einschalten des Vorgeleges für schwieriges Gelände.

Luxuswagen dieser Klasse wurden damals nur selten von Privatleuten angeschafft. Viel häufiger schmückten sich Staatsdiener oder Direktoren grosser Konzerne mit solchen Nobelgefährten.

HORCH 853

Bei 130 bleibt die Nadel stehen

Sie galten stets als nobel. Schauspieler und andere Prominente liessen sich gern mit ihnen ablichten. Sie tauchen häufig in alten Filmen auf: Horch-Automobile, die es zwar seit 1900 gab, die aber erst in den dreissiger Jahren so richtig berühmt wurden.

1931/32 ging Horch in der Auto-Union auf, jenem Konzernzusammenschluss, der den Firmen DKW, Wanderer, Audi und Horch im hartumkämpften Markt eine Überlebenschance bot. DKW baute Kleinwagen, Wan-

Technische Daten:
Motor: Achtzylinder Reihe, Hubraum: 4.944 ccm, Leistung: 120 PS bei 3.600 U/min, Spitze: 130 km/h, Preis 15.000 Mark, Baujahre: 1937 bis 1939

Horch 356 A Cabriolet

HORCH 853

Horch 780 Sportcabriolet

derer die untere- und Audi die obere Mittelklasse. Horch bestritt den Marktanteil der Luxuswagen.

Der Horch 853 zählt zu den berühmtesten Klassikern. Ein Elitefahrzeug. Damals kostete er 15.000 Reichsmark. Zwar erhielt man für wesentlich weniger Geld schon schnellere Autos, aber mit diesen Gefährten viel man kaum auf. Allerdings täuschte der 853 durch seine Linienführung eine hohe Geschwindigkeit vor. In Wirklichkeit blieb die Tachonadel des zwei Tonnen schweren Wagens bei etwa 130 km/h stehen. Der weich laufende Achtzylinder-Motor tat es kaum unter 25 Liter auf 100 km.

Etwa 1000 Exemplare wurden vom 853 gebaut. Das erklärt, warum gerade von diesem Horch noch heute einige Dutzend existieren.

Horch 670 Sportcabriolet

MERCEDES BENZ 260 DIESEL

Die ersten Diesel

Im Grunde genommen war der 260 D nichts anderes als ein Mercedes-Benz 230 mit Dieselmotor: so wie auch heute noch die Reihe der Mittelklassemodelle bei Mercedes-Benz wahlweise mit Benzin- oder Dieselmotor angeboten werden. Dennoch war der 260 D eine kleine Sensation. Zum ersten Mal war es gelungen, den Lauf des Dieselmotors, der bis dahin dem Antrieb von Lastwagen vorbehalten war, soweit zu kultivieren, dass er auch in einem Personenwagen Verwendung finden konnte.

Mit 11 Litern des preiswerten Dieselkraftstoffs rollte der 1.680 Kilogramm schwere Wagen 100 Kilometer weit. Vor allem das Taxigewerbe orderte das neue "Sparmobil". Aber auch "Herr Jedermann" hatte Interesse am preiswerten Diesel. So wurden neben der geräumigen Pullmann-Limousine bald auch normale Limousinen und sogar Cabriolets mit Dieselmotor angeboten.

Technische Daten:
Motor: Vierzylinder Reihe, Hubraum: 2.545 ccm, Leistung: 45 PS bei 3.000 U/min, Spitze: 90 km/h, 94 km/h ab 1937, Verbrauch: 11 Liter Diesel, Preis: 7.900 Mark die erste Ausführung von 1936, Baujahre: 1936 bis 1941

BMW DIXI

Innen grösser als aussen

Dieses Auto entstand in einer Zeit, in der jeder Autohersteller von der Massenproduktion eines Kleinwagens träumte. So auch die "Fahrzeugfabrik Eisenach", die 1896 gegründet wurde. Zu einer eigenen Konstruktion kam man nicht, deshalb wurden kurzerhand die Lizenzrechte des englischen "Austin Seven" erworben. Eine gute Entscheidung, der Dixi wurde schnell populär und erreichte für die Eisenacher bis dahin unbekannte Stückzahlen.

1928 übernahm BMW die Dixi-Werke und baute weiter: Nur das Kühleremblem wurde ausgetauscht. 1929 wurde der Dixi von BMW verändert. Es gab keine Trittbretter mehr und einen grösseren Karosserieaufbau. BMW warb mit dem Slogan: "Innen grösser als aussen". Bis 1932 wurden die Dixis gebaut, insgesamt 25.000 Stück. In verschiedenen Karosserien, mit Kurbelfenster und verstellbaren Sitzen, sogar eine vordere Schwingachse gab es ab 1931.

Technische Daten: (BMW Dixi 3/15 PS)
Motor: Vierzylinder Reihe, Hubraum: 748,5 ccm, Leistung: 15 PS bei 3.000 U/min, Spitze: 75 km/h, Preis 2.200 Mark, Baujahre: 1929 bis 1931

BMW 328

Ein echter Sportwagen

Er kam, fuhr und siegte: 1936 auf dem Nürburgring mit Ernst Henne. Seither ist der BMW 328 einer der begehrtesten Sportwagen aller Zeiten. In Sammlerkreisen erzielt er Höchstpreise. Bei Oldtimerveranstaltungen steht er im Mittelpunkt des Interesses. Von den insgesamt 461 gebauten Exemplaren, die ab Juni 1937 käuflich zu erwerben waren, sollen noch heute etwa 150 Exemplare existieren.

Der BMW 328 ist ein echter Sportwagen mit entsprechenden Fahreigenschaften, ausgestattet mit Leichtmetall-Zylinderkopf und drei Fallstromvergasern. Das Vierganggetriebe ist an den Motor angeflanscht. Der mit Kastenquerträgern verstärkte Rohrrahmen trägt einen leichten Aufbau mit zwei Sitzplätzen. Für Gepäck gibt es keinen Platz.

Bei der Mille Miglia 1938 starteten vier BMW 328. Alle erreichten das Ziel und belegten in ihrer Klasse die ersten Plätze. 1940 sicherte sich Huschke von Hanstein mit einer 135 PS starken Leichtbauversion, die eine Spitzengeschwindigkeit von 200 km/h er-

BMW 328

Vier BMW 328 starteten 1938 bei der Mille Miglia

reichte, ebenfalls einen Sieg in der Mille Miglia.

Produziert wurde der BMW 328 von 1936 (in diesem Jahr wurden allerdings nur zwei Exemplare für Wettbewerbszwecke gebaut) bis 1940. Es gab vorzügliche Ausstattungen mit Sitzen und Verkleidungen in feinstem Leder.

Technische Daten:
Motor: Sechszylinder, Hubraum: 1.971 ccm, Leistung: 80 PS bei 5.000 U/min, Spitze: 150 km/h, Gewicht: 830 kg, Preis: Roadster 7.400 Mark, Chassis 5.900 Mark, Baujahre: 1936 bis 1940

BMW 32//28 von 1939

OPEL ADMIRAL

Die Vorteile des Grosserienbaus

Zur Internationalen Berliner Automobilausstellung 1937 präsentierte Opel gleich zwei neue "Grosse": den Super 6 und den Admiral, der allerdings erst ein Jahr später in Serie ging. Er wurde von einem Sechszylinder-Motor angetrieben, jener 3,6-Liter-Maschine, die auch schon für den Opel-Blitz-Dreitonner zuständig war. Genau das richtige für einen schweren PKW, der gut 1.600 kg auf die Waage bringt.

Andere Fahrzeuge dieses Kalibers gehörten bereits zu den teuren Luxusmobilen. Nicht so bei Opel: Warum sollte der Käufer nicht von den Preisvorteilen des Grosserienbaus profitieren? Für 7.000 Mark konnte man den Komfort des Admirals geniessen: Ein extrem leiser Motor mit Autobahn-Dauergeschwindigkeit von 115 km/h, Sitzpolster wie Sessel, stossfreie Federung.

Opel bot den wuchtigen Admiral serienmässig viertürig als Limousine oder Cabriolet an. Sonderaufbauten aller Art waren möglich. Besonders chic: Das Cabrio von Gläser aus Dresden. Von Hebmüller gab es ebenfalls eine elegante Cabriolet-Version sowie einen geschlossenen Aufbau mit sechs Seitenfenstern.

Opel Admiral 1937

OPEL ADMIRAL

Admiral Prototyp von 1936

Der Kriegsausbruch stoppte 1939 die Produktion des Admiral. Opel benötigte jeden 3,6-Liter-Motor für den LKW-Bau. Dennoch brachte es der Admiral innerhalb seiner zweijährigen Bauzeit auf fast 6.500 Fahrzeuge, ein Drittel davon als Cabriolet.

Technische Daten:
Motor: Sechszylinder Reihe, Hubraum: 3.626 ccm, Leistung: 75 PS bei 3.200 U/min, Spitze: 132 km/h, Preis: 7.000 Mark, Baujahre: 1938 bis 1939

Gläser Cabrio aus Dresden

Vom Wiederaufbau in die fetten Jahre
Die Wirtschaftswunderzeit

Der zweite Weltkrieg ist beendet, Deutschland ein Trümmerhaufen. Eine enorme Anstrengung ist nötig, das Land wieder zu einem Staat zu machen, in dem es sich leben lässt und zu leben lohnt. Vor allem muss der Automobilindustrie rasch auf die Beine geholfen werden: Transportmittel werden für den Aufbau dringend benötigt. An eine Aufnahme der Produktion von PKW für den privaten Gebrauch ist noch nicht zu denken.

Die Autowerke sind zum Teil schwer beschädigt. Daimler-Benz zum Beispiel verlor mehr als drei Viertel seiner Produktionsfläche. Maschinen und Material fehlen. Anderen Herstellern ergeht es ähnlich. Hinzu kommt die Aufteilung Deutschlands in Besatzungszonen. Intakte Produktionsanlagen werden von den Besatzern annektiert. Erst der "Marshall-Plan" erleichtert den Wiederaufbau der Autoindustrie.

Viele Unternehmen widmen sich zunächst der Ersatzteilfertigung. Die Produktion der Personenwagen knüpft fast immer an die etwas überarbeitete Version ihrer letzten Vorkriegsmodelle an. Mit der Währungsreform (1948) kommt die Autoproduktion allerdings in Fahrt. Bald spricht man vom "Wirtschaftswunder". In den Wochenschauen der Kinos taucht das Bild des wohlgenährten, zigarrerauchenden Wirtschaftsministers Ludwig Erhard auf: Symbol für den Aufstieg der Industrie.

Auf den Automobilausstellungen gibt es wieder neue deutsche Produktionen zu sehen: Mittelklassewagen, Luxuswagen und eine ganz neue Kategorie, die sich "Kleinwagen" nennt. Vor allem diese Fortbewegungsmittel mit meist nur drei Rädern, unglaublichen Karosserien und oft haarsträubender Technik werden die Renner in der er

Typische Vertreter der Wirtschaftswunderzeit von Borgward: Isabella, Arabella und der Borgward 2,3

Erfolgreicher Kleinwagen: Goggomobil Coupé

sten Hälfte der fünfziger Jahre. Sie verbrauchen wenig Benzin, das immer noch knapp ist, und locken mit Preisen, die auch für den weniger betuchten Bundesbürger bezahlbar sind. Bald gehören die Kleinwagen zum Strassenbild.

Dem Aufwärtstrend folgend, wachsen einige dieser Gefährte zu günstigen Fahrzeugen der unteren Mittelklasse heran und machen etablierten Firmen wie Opel, VW oder Ford Konkurrenz. Aber bald können die "Kleinen" nicht mehr mithalten. Dem Investitionsvermögen der "Grossen" haben sie nichts entgegenzusetzen. Mit Einfallsreichtum und Engagement allein ist gegen Fliessbandproduktion und Finanzkraft nicht anzukommen. Hinzu kommt, dass Firmen wie BMW, Glas und NSU selbst gross ins Geschäft mit den kleinen Wagen einsteigen. Ein Kleinwagenhersteller nach dem anderen meldet Konkurs an.

In dieser Zeit entstehen aber nicht nur "Brot- und Butterautos. Regelrechte Luxuslimousinen werden auf die Räder gestellt. Es ist schon verwunderlich, dass Firmen wie Porsche, BMW oder Mercedes ihre Superwagen gerade in dieser Zeit auf den Markt bringen. Aber es geht ja auch um das Image: Edelschlitten wirken sich selbstverständlich auf den Verkauf "normaler" Autos aus.

1953 werden ungefähr eine Million PKW in der Bundesrepublik gefahren. Die Entwicklung geht schnell voran. Strassen- und Autobahnnetze werden kontinuierlich ausgebaut. Die Wirtschaft läuft auf vollen Touren. 1960 wird Vollbeschäftigung verzeichnet. Es geht uns gut. Ein neuer Begriff entsteht: Zweitwagen!

Mit selbsttragender Ganzstahlkarosserie

Der Name war schnell gefunden. Schliesslich standen die Olympischen Spiele an. Und was lag da wohl näher als "Olympia". Wenn auch nicht gerade sportlich, ein Siegertyp war er allemal. Das beweisen die Verkaufserfolge. Bereits vor dem zweiten Weltkrieg wurde er in Grosserie gebaut.

Durch den Anschluss an den amerikanischen Konzern General Motors gelingt es Opel, die Weltwirtschaftskrise besser zu meistern, als ihre Mitbewerber. Allein 1928 werden rund 43.000 Autos gebaut. Der Preis: Die traditionsreiche Adam Opel AG gehört ab 1931 zu 100 Prozent den Amerikanern! Für den Verkauf wirkt sich das positiv aus. Unter der Regie von GM florieren die Geschäfte trotz schlechter Zeiten so gut, dass Opel zur grössten europäischen Automobilfabrik anwächst.

Der Olympia, 1935 mit selbsttragender Ganzstahlkarosserie auf den Markt gebracht, der Kadett, ein anspruchsloser, zuverlässiger Kleinwagen, und schliesslich der P4, mit 1.450 Reichsmark 1938 ein wahrer Preisknüller, verhelfen dem Konzern noch vor dem zweiten Weltkrieg zur ersten Produktions-Millionen.

Trotz aller Startschwierigkeiten ist Opel nach dem Krieg mit Hilfe der amerikanischen Finanzkraft gleich wieder dabei. Schon Ende 1946 verlassen die ersten Olympia die Montagehallen. Sie werden zunächst unverändert weitergebaut, mit dem neuen, modernen und stärkeren Motor von 1938. Die Synchronfederung fehlte allerdings. Sie wurde nur bis 1939 eingebaut. Von Dezember 1947 bis Dezember 1949 wurden rund 26.000 Limousinen produziert.

Dann folgen einige Änderungen. Mit neuem Gesicht und geraderen Kotflügeln verjüngt sich der Olympia. Die Heckansicht wurde verändert, glatter, grössere Scheibe. Man konnte unter drei Karosserie-Versionen wählen, ausserdem wurde ein Kastenwagen angeboten. Miesen, Autenrieth, Popp, Rappold und andere Karosseriebetriebe

Olympia 1,3 Liter 1935-1937 (Modell 1935)

Olympia 1938 als viertürige Limousine

Olympia 1947 Limousine

setzten Seitenscheiben und Klappbänke ein.

1953 hatte der Olympia ausgedient. In der Nachkriegszeit war er insgesamt 151.403 mal gebaut worden. Ein vorzeigbares Ergebnis. Nichts aber gegen das, was dann kam. Der neue Olympia-Rekord schlug alle Rekorde. Aber davon wird noch die Rede sein.

Technische Daten: (Olympia 1946-1953)
Motor: Vierzylilnder Reihe, Hubraum: 1.488 ccm, Leistung: 37 PS bei 3.500 U/min (ab 1951 39 PS bei 3.700 U/min), Spitze: 112 km/h, Gewicht: 910 kg (ab 1951 920 kg, Kombi - Ausführung 1.040 kg), Stückzahlen: 1946 bis März 1953 insgesamt 151.403, Preise: Limousine 6.600 DM, Cabriolet 6.800 DM, Kombi 7.350 DM (1952)

Opel Olympia Limousine (1950)

Opel Olympia Miesen-Kombi (1950-1953)

Opel Olympia Cabriolet-Limousine (1951-1952)

Opel Olympia Cabriolet-Limousine (1950)

Opel Olympia Limousine (1951)

Mercedes-Benz 170

Mercedes-Benz 170 V Cabriolet (1938)

MERCEDES BENZ 170

Der erste Wirtschaftswunderwagen

1936. Noch ist Frieden in Deutschland. Max Schmeling besiegt den bis dahin ungeschlagenen Joe Louis im New Yorker Yankee-Stadion. Im Berliner Olympia-Stadion kämpfen Athleten aus aller Welt um Sieg und Ehre. Auf der Berliner Automobilausstellung werden zwei neue, vielversprechende PKW vorgestellt: Der Opel Olympia und der Mercedes 170 V.

Dieser 170 V sollte eines der erfolgreichsten Automobile werde, das je unter dem Zeichen des Silbersterns gebaut wurde. Neben der Limousine, die wahlweise mit zwei oder vier Türen ausgestattet wurde, gab es ihn bald auch als elegantes, zweisitziges und als geräumiges fünfsitziges Cabriolet oder als Cabrio-Limousine. Er wurde als Roadster angeboten und man konnte ihn als praktischen Kastenwagen ordern. Für Polizei und Heer war ein Kübelwagen im Programm. Es gab einen zwei- und einen viertürigen Tourenwagen.

Nachkriegsausführung des 170V/170D (1952)

Technische Daten: (170V/170S Nachkrieg) Motor: Vierzylinder Reihe, Hubraum: 1.697 ccm, Leistung: 45/52 PS bei 3.600/4.000 U/min, Gewicht: 1.185/1.220 kg, Spitze: 116/122 km/h, Verbrauch: 10/12 Liter, Preise: 5.500 bis 8.620/10.100 bis 15.800 DM, Baujahre: 1946/1949 bis 1953

Mercedes-Benz 170 V (1936 bis 1950)

MERCEDES BENZ 170

170 S Cabriolet (1949 bis 1953)

Krankenwagen 170 V (1950)

Einer der letzten 170er: der 170 S (1953)

Nach Kriegsende wurde der 170 V weitergebaut. Als offener Pritschenwagen, als Krankenwagen und 1947 auch wieder als Limousine.

1949, Adenauer wird gerade Kanzler, stellt Daimler-Benz den neuen 170S vor. Das beginnende Wirtschaftswunder liess die Produktion rasch ansteigen. Es gab kaum eine Persönlichkeit aus Wirtschaft und Politik, die ihren Status nicht mit dem neuen Mercedes unterstreichen wollte. Bald folgten der viertürigen Limousine ein sportlicher Zweisitzer, das 170S Cabriolet, und ein repräsentatives fünfsitziges Cabriolet. Ab 1952 konnte man den 170S auch als Diesel erwerben.

Von 1949 bis 1955 wurden über 70.000 Fahrzeuge hergestellt. Dennoch hielt sich der 170 S nur relativ kurz im Strassenbild, denn als die neuen Pontonmodelle auftauchten, wollte kaum noch jemand den schnell antiquiert wirkenden Wagen haben. Aber gerade diesem Umstand verdankte er schon in den frühen siebziger Jahren seine Renaissance. Sammler aus aller Welt entdeckten in ihm den letzten klassischen Mercedes.

Ein richtiges Auto für nur 990 Reichsmark

Bei der Eröffnung der Berliner Automobilausstellung 1934 wird sie bekanntgeben: Die Idee Ferdinand Porsches, einen "Volkswagen" zu bauen. Kaum jemand beachtet diese Meldung. Erst als 1938 der Volkswagen mit endgültiger Form und grosser Propaganda seinem "Volk" vorgestellt wird, regt sich Interesse. Man kann es kaum glauben: Da soll es bald ein richtiges Auto für nur 990 Reichsmark geben, was man über die Organisation "Kraft durch Freude" (KdF) in Wochenraten zu 5 Reichsmark ansparen kann.

Aber der Ausbruch des Krieges zerstört die Träume. Rüstungsproduktion heisst die Devise. Es geht weiter 1945. Das noch kurz vor dem Krieg geschaffene VW ist zu zwei Drittel zerstört. Eine

Vor der Villa Porsche 1937: VW-Versuchsmodelle

Viertüriges Polizei-Cabriolet (1949) und VW Export (1949-1953)

VOLKSWAGEN KÄFER

Restauriertes Karmann-Cabriolet (1966)

VW-Hebmüller Cabriolet (1948-1950)

VOLKSWAGEN KÄFER

Der Käfer mit "Brezelfenster" im Heck in der Ausführung von 1952 mit 15- statt 16-Zoll-Rädern und Drehfenstern in den Türen.

Exportversion von 1950 mit Rollschiebedach

gewaltige Anstrengung ist nötig, um die Produktion aufnehmen zu können. Aber es geht jetzt Schlag auf Schlag: 1948 übernimmt Heinrich Nordhoff die Geschäftsführung. Der 25.000ste Volkswagen läuft vom Band. 1949 wird der erste Käfer in die USA verschifft. 1950 wird der 100.000ste und 1953 der 500.000ste gefeiert. Die Siegesfahrt des erfolgreichsten Autos aller Zeiten ist nicht mehr zu stoppen.

Nordhoff und seine Männer (und Frauen) bleiben trotz dieses einzigartigen Erfolges auf dem "Teppich". Das Volkswagenwerk entwickelt sich solide, kontinuierlich und erfolgreich weiter. Neben dem Käfer werden der Transporter und später grössere PKW produziert. 1972 wird der 15millionste Käfer auf die Strassen geschickt. 1978 läuft in Emden der letzte in Deutschland gebaute Käfer vom Band, 1980 in Osnabrück das letzte Käfer-Cabriolet. Traurig sind viele, dass dieser unkomplizierte, pflegeleichte Wagen mit seinem luftgekühlten Boxermotor im Heck nicht mehr gebaut wird. Aber die vielen Eigner von VW haben keine Sorgen: Käfers Nachfolger "Golf" ist zu diesem Zeitpunkt längst auf Erfolgskurs.

VW Export, wie er 1954 bis 1960 gebaut wurde mit Vierzylinder-Boxermotor, 1.192 ccm, 30 PS bei 3.400 U/min, Gebläsekühlung, Heckantrieb, Motor hinter und Getriebe vor der Hinterachse, Einscheibentrockenkupplung, 740 kg Gewicht, Spitze 112 km/h, Verbrauch 8 Liter.

VOLKSWAGEN KÄFER

VW 1300 Cabriolet von Karmann (1970-1972)

VW 1200 Limousine (1967-1972)

FORD BUCKELTAUNUS

Der Aerodynamische

Taunus de Luxe Limousine (1951-1952)

Technische Daten:
Motor: Vierzylinder Reihe, Hubraum: 1.172 ccm, Leistung: 34 PS bei 4.250 U/min, Spitze: 105 km/h, Verbrauch: 9 Liter, Stückzahlen: 62.828 (1948-1952), Preise: zwischen 5.770 DM (Standard) und 8.730 DM (Cabrio)

Stolz sind sie, die Kölner, als ihr neuer "Taunus" 1939 als Nachfolger des "Eifel" vorgestellt wird. Besonders auf die aerodynamische Karosserie. Die Scheinwerfer sind in die Kotflügel eingelassen. Der Kühlergrill verliert zugunsten der Frontharmonie sine Eigenständigkeit. Der Motor wird fast unverändert vom Eifel übernommen. Radstand und Spurbreite sind leicht vergrössert. Auf den Plattform-Leichtstahlrahmen ist die selbsttragende Karosserie aufgeschweisst. Für Ford beachtlich: die Einführung der Öldruck-Vierradbremse.

Der wirtschaftliche Wagen (Verbrauch zwischen 7 und 11 Litern) mit seinem amerikanischen Gesicht kommt gut an. 7.100 Stück werden bis zur Produktionseinstellung 1942 für 2.870 DM an den Mann gebracht. 1948 wird wieder produziert: am 23. November kann der erste Nachkriegtaunus dem interessierten Publikum vorgestellt werden.

Taunus Spezial (1949-1950)

FORD BUCKELTAUNUS

Taunus de Luxe (1951-1952)

Neu nach dem Krieg: Lenkung, Querstabilisatoren, umfangreichere Innenausstattung, verschiedene Detailänderungen. Lieferbar ist der Taunus zunächst als zweitürige Standard-Limousine. 1949 gibt es den "Spezial" mit mehr Chrom, stabileren Stossstangen und automatischer Beleuchtung in Innen-, Motor- und Kofferraum! Ausserdem ist er nicht nur in grau, sondern in vier Farben lieferbar. Zwei- und viersitzige Cabriolets von Deutsch und ein zweitüriger Plasswilm-Kombi bereichern die "Spezial"-Palette.

De Luxe Migö Cabriolet (1951)

Abschluss der Buckel-Taunus-Serie: der "de Luxe" (1951-1952), von dem Cabrios von Deutsch, Migö, Karmann, Drauz und Drews angeboten werden. Fahrwerk und Motor sind vom Spezial übernommen. Aber: der de Luxe ist selbstverständlich wesentlich luxuriöser ausgestattet. Er ist vorn und hinten tiefer gelegt (flach gesprengte Federn), was die Strassenlage verbessert. Die Windschutzscheibe, leicht gebogen, ist jetzt durchgehend. Ausstellfenster vorn, weichere Sitze, sichtfreies Lenkrad, fünf Farben zur Auswahl, bei denen die Polster auf die Aussenfarben abgestimmt wurden und Feststeller für Haube und Kofferraumklappe sind weitere Verbesserungen. Es mutet seltsam an, solche Dinge heute aufzulisten. Aber dieses Beispiel zeigt, dass damals vieles noch nicht selbstverständlich war.

De Luxe Deutsch Cabriolet (1951)

OPEL KAPITÄN

Internationale Spitzenklasse

Kapitän, zweitürige Limousine (1939)

Mit seiner wuchtigen "Schnauze", dem langgestreckten Heck und dem vielen Chrom sieht er schon sehr imposant aus, der Opel Kapitän, der 1939 die deutsche Autoszene erweitert. "Gangster-Kapitän" heisst er bald im Volksmund, weil er in vielen Kinofilmen als solcher mitspielt. Wie schon sein Vorgänger, der Opel Super 6, setzt der Kapitän neue Masstäbe für Leistung und Ausstattung. Lange ist er Vorbild für viele Konkurrenten auf dem internationalen Markt. Als im Oktober 1940 die Vorkriegsproduktion eingestellt wird, sind von dem ersten Opel-Grosswagen mit selbsttragender Bauweise 25.374 Exemplare verkauft.

Kapitän, viertürige Limousine (1958-1959)

OPEL KAPITÄN

Kapitän (1954-1955)

Nach dem Krieg geht es 1948 weiter. Mit runden Scheinwerfern und Stosstangen-Mittelteil. Es gibt zunächst nur 4-türige Limousinen. 1950 wird das Armaturenbrett neu gestaltet und es gibt die Lenkradschaltung. 1951 gibt es mehr Chrom und einen grösseren Kofferraum. Der Kapitän gleicht jetzt sehr dem Chevrolet.

Kapitän (1951-1953)

Eine völlig neue Konzeption gelingt Opel 1954: Als "bildschön" wird der neue Kapitän in der Werbung gelobt. Dann geht es Schlag auf Schlag. Fast jährlich sind Modifikationen fällig, besonders am Kühlergrill, was dem Wiederverkaufswert nicht gut tut. Trotzdem gilt der Kapitän als preisgünstigster Grosswagen Deutschlands und wird bis 1977 gebaut (in den siebziger Jahren nur noch in geringer Stückzahl).

Kapitän (1957) L-Version

Technische Daten: (Kapitän 1948-1960)
Motor: Sechszylinder Reihe, Hubraum: 2.473 ccm (ab 1959 2.605 ccm), Leistung: 55 PS bei 3.500 U/min (ab 1954 68 PS bei 3.700 U/min, ab 1955 75 PS bei 3.900 U/min, ab 1958 80 PS bei 4.100 U/min, ab 1959 90 PS bei 4.100 U/min), Spitze: 126 km/h (ab 1954 138 km/h, ab 1955 140 km/h, ab 1958 144 km/h, ab 1959 150 km/h), Verbrauch: 13,4 Liter (ab 1954 10,1 Liter, ab 1955 9,8 Liter, ab 1958 11,9 Liter, ab 1959 10,2 Liter), Stückzahl: 330.367 (1948-1960), Preise: 9.950 DM (1952 8.950 DM, 1960 9.975 DM, Kapitän L 1960 10.675 DM)

Kapitän A (1964-1965)

Opels grosse Reiselimousine: der Kapitän P 2,6 Luxus (1959 bis 1963)

Als "Leukoplastbomber" ging er in die Automobilgeschichte ein: Der Lloyd 300, hier als Kombi von 1951

Lloyd 600 mit Schiebedach (1955)

Der erste erfolgreiche Kleinwagen

Zweisitziges Loyd 300 Coupé (1951)

Technische Daten: (Lloyd 300 und Lloyd 400 der Baujahre 1950-1952)
Motor: Zweitakt-Zweizylinder Reihe luftgekühlt, Hubraum: 293 (386) ccm, Leistung: 10 (13) PS bei 4.000 (3.750) U/min, Spitze: 75 km/h, Verbrauch 5,5 (6) Liter, Stückzahlen: 18.087 Lloyd 300 und 109.878 Lloyd 400, Preise: 3.334 DM Lloyd 300 und 3.780 DM Lloyd 400

Bei dieser urigen Konstruktion aus Holz und Kunstleder dauert es nicht lange, bis der Volksmund seine Bezeichnung gefunden hat: Der "Leukoplastbomber", der 1950 der Öffentlichkeit vorgestellt wird, hat es zunächst nicht leicht: Seine potentiellen Käufer brauchen eine Weile um zu erkennen, dass hier ein zwar recht primitiver, aber entsprechend billiger, wirtschaftlicher Kleinwagen angeboten wird, der genau in die Zeit passt. Er kostet kaum mehr an Steuern als ein Hund: 6 Mark im Monat. Mit der Haftpflicht macht das ganze 160 DM an festen Kosten im Jahr. Das rechnet sich für den weniger begüterten Nachkriegsbürger und der Leukoplastbomber mit seinem unverkennbar heulendem Motor wird der erste, erfolgreiche Kleinwagen der fünfziger Jahre.

Der 400er Lloyd, dessen Karosserie zunächst teilweise, später ganz mit Stahlblech gebaut wird, erhält ein grösseres Heckfenster. 1955 werden Lichtmaschine und Scheinwerfer verstärkt und die Innenausstattung wird verbessert.

Lloyd LP 300 (1950/51)

LLOYD

Lloyd Alexander (1957

Mitte der fünfziger Jahre erlebt der Lloyd seinen Höhepunkt. Die Zeit des sperrholzbeplankten Hartholz-Fachwerkgerippes und des Zweitaktmotors ist vorbei. Nur der Name "Leukoplastbomber" lebt weiter: er ist einfach zu schön! Nach VW und Opel steht der Lloyd zeitweise an dritter Stelle der Zulassungszahlen.

Der 1955 vorgestellte Lloyd LP 600 ist das erste deutsche Kleinmobil mit Viertaktmotor, das in grösserer Stückzahl gebaut wird: Es avanciert mit seinen 19 PS und 100 km/h Spitze zum Vorbild des leistungsfähigen Kleinwagens. Neben dem LP 600 baut man ab Juli 1957 ein verbessertes Modell, den "Alexander". Er hat Kurbel- statt Schiebefenster, vordere Ausstellscheiben und endlich eine Kofferraumklappe, die diese Bezeichnung verdient.

1956/57 wird eine 250er Ausführung angeboten: Damit sollen die Inhaber des alten Führerscheins IV gelockt werden. Allerdings bringt es diese Version nur auf 3.768 Exemplare. Abschluss des Lloyd-Programms ist der Alexander TS, der von 1957 bis zum Borgward Konkurs 1961 gebaut wird.

Lloyd 300 als Kombilimousine (1951)

Lloyd LP 400 Limousine

Porsche 356

Die 356. Konstruktion

Porsche 356 C-Cabriolet

Technische Daten: (356 1950-1955)
Motor: Vierzylinder Boxer im Heck, Leichtmetallblock, luftgekühlt, Hubraum: 1.086 bis 1.488 ccm, Leistung: 40 PS bei 4.000 U/min bis 70 PS bei 5.000 U/min, Spitze: 140 bis 175 km/h, Verbrauch: 9 bis 11 Liter Super, Stückzahlen: 7.627 (1950 bis 1955), Preise: 10.200 bis 15.800 DM

Ferry Porsche geht 1946 im Büro seines Vaters mit Chefkonstrukteur Karl Rabe an die Verwirklichung seines Traumes, die Entwicklung eines Sportwagens. 1948 ist die 356. Porsche-Konstruktion baureif: Ein zweisitziger Roadster mit Aluminium-Karosserie auf der Basis des VW-Käfers.

Bei der Vorstellung auf dem Genfer Automobilsalon 1949 findet der Porsche 356 starkes Interesse. Innerhalb eines Jahres werden in der kleinen Reutter-Karosseriefabrik 500 Wagen fertiggestellt, die reissenden Absatz finden und jetzt mit Ganzstahlkarosserie eingekleidet sind. Im April 1951 kommen zum 1100er der 1300er und im Herbst noch der 1500er Porsche auf den Markt.

1955 folgt der 356 A mit vielen Verbesserungen, der in der 1500er Version "Carrera" heisst. Aus dem "A" wird 1959 der "B" mit veränderter Karosserie, dessen stärkste Variante (2000 GS Carrera 2) erstmals bei Porsche in der Beschleunigung von 0 auf 100 unter 10 Sekunden bleibt.

PORSCHE 356

Porsche 356 C-Carrera

Porsche 356 (1959-1963)

ADENAUER-MERCEDES

Der "Rhein-Ruhr-Volkswagen"

Sechssitziger 300 als Limousine

Deutschlands Nobelwagen der fünfziger Jahre wird 1951 auf der Frankfurter Automobilausstellung präsentiert. Auf Anhieb gefällt er Leuten mit grossem Geldbeutel: Wirtschaftsführern, hohen Politikern. "Stern"-Autotester Alexander Spoerl nennt ihn "Rhein-Ruhr-Volkswagen". Im Volksmund heisst er bald "Adenauer-Mercedes", weil der Bundeskanzler seinen 300er, mit Trennscheibe, Blaulicht, Stander und Kurzwellentelefon ausgestattet, für tägliche Fahrten und Wahlkampfreisen nutzt. Es wird erzählt, dass eine andere Automarke einmal ihr Produkt dem Kanzler vorführte. Beim Einsteigen verlor Adenauer seinen Hut. Schweigend ging er zurück zu seinem Mercedes 300 und würdigte den fremden Wagen keines Blickes mehr.

Bundeskanzler Adenauer mit US-Präsident Eisenhower bei dessen Besuch in Bonn am 26. Juli 1959

ADENAUER-MERCEDES

Mercedes-Benz 300 Cabriolet

Die Entwicklung des 300 läuft gleichzeitig mit der des 220. So gibt es viele Parallelen. Der Aufbau entspricht der Konstruktion des 170, der Ovalrohr-X-Rahmen stammt vom 170V. Der kurzhubige Motor ist 115 PS stark und von hoher Elastizität. Der Typ 300 b wird 1954 mit höherer Leistung und grösseren Bremsen angeboten. Der 300 S, eine Weiterentwicklung des 300, ist ab 1952 zu haben. Er ist der letzte Mercedes in "klassischer" Linienführung.

Der "Spiegel" (1989): "Mercedes-Wagen chauffieren selbständige Handwerker und Manager von Grossunternehmen, Taxifahrer und Playboys, Päpste und Zuhälter, rechte Diktatoren und linke Revolutionäre, Hollywoodstars und Rauschgifthändler."

300 S als Coupé (1953)

Technische Daten: (300er von 1951)
Motor: Sechzylinder Reihe, Hubraum: 2.996 ccm, Leistung: 115 PS bei 4.600 U/min, Spitze: 160 km/h, Verbrauch: 16,5 Liter, Stückzahl: 11.430 (von 1951 bis 1962 ohne "S"), Preise: Limousine 19.900 bis 27.000 DM, Cabriolet 23.700 bis 26.200 DM

Viersitziges Cabriolet 300

Sie erscheinen gleichzeitig 1951 auf der Frankfurter Automobilausstellung: Der "Adenauer"-Mercedes 300 (oben) und der Mercedes-Benz 220 (unten die Cabriolet-Ausführung)

Die Konkurrenz der grossen Mercedes-Benz: Die Barockengel aus Bayern. Oben: Viertürige Limousine BMW 3,2 Super . Unten: BMW Cabriolet 501 (sechs Zylinder) von Baur.

BMW BAROCKENGEL

Ein starkes Stück Autogeschichte

Heute gehören sie zu den gesuchtesten Oldtimern: die BMW-V8-"Barockengel". Auch damals wurden sie bewundert, Käufer fanden sich allerdings nur wenige. Ein Grund unter anderen, weshalb BMW Ende der fünfziger Jahre in eine schwere finanzielle Krise gerät. BMW ist die einzige deutsche Marke, die sich in den Fünfzigern an die Produktion eines Achtzylinders wagt.

Der V8 wird als Cabriolet, Coupé und später sogar als Sportwagen angeboten. Mit seinem starken Leichtmetallmotor und der eleganten Karosse erringt er weltweit Interesse und Respekt. Trotzdem bleiben die Verkäufe unter den Erwartungen. Nach zehnjähriger Bauzeit läuft die Produktion der V8-Limousinen, zuletzt als 2.600 L und 3.200 S, 1964 aus.

BMW 501 Prototyp auf Testfahrt

501 Prototyp, fast seriengetreu

Technische Daten: (BMW 502, 1954-1961)
Motor: Achtzylinder V-Form, Hubraum: 2.580 ccm, Leistung: 100 PS bei 4.800 U/min, Spitze: 160 km/h, Verbrauch: 14,5 Liter Super, Stückzahl: 3.117 (501V8=5.914), Preise: 17.800, Coupé 21.800, Cabriolet 21.900 DM

BMW 501 (Sechszylinder) mit Faltdach

BMW BAROCKENGEL

BMW 502 V8 mit 100 PS und 2,6 Liter Maschine

Ein solch schwerer Wagen als schnittiges Coupé? Die Karosseriefirma Baur bewies es! BMW 501/502 V8

Tiger & Co.

Sie gehören zu den ulkigsten Kleinwagen der fünfziger Jahre und zu den erfolgreichsten: die Messerschmitt Kabinenroller. Von Fritz Fend aus seinem "Fend-Flitzer" entwickelt, werden sie ab Frühjahr 1953 im Regensburger Messerschmitt-Werk serienmässig produziert. Dem KR175 folgt 1955 der KR200, dessen Hubraum leicht angehoben wird. 1956 stösst Messerschmitt den Kabinenrollerbau ab: Fritz Fend macht alleine weiter und präsentiert 1958 den vierrädrigen, sportlichen "Tiger", den TG500.

Der Tiger mit seinem 500-ccm-Motor gilt als schnellster Kleinwagen: 125 km/h Spitze! Fend baut noch bis 1964, allerdings in geringen Stückzahlen.

Technische Daten: (KR 200)
Motor: Zweitakt-Einzylinder, Hubraum: 191 ccm, Leistung: 10,9 PS bei 5.250 U/min, Spitze: 90 km/h, Verbrauch 4,5 Liter, Stückzahl: etwa 50.000 insgesamt mit KR175 und Tiger, Preise: 2.400 bis 2.700 DM

Messerschmitt Kabinenroller "KR200"

MESSERSCHMITT

Messerschmitt Tiger 500

Messerschmitt KR 200

Dem Taunus die Zähne zeigen

Die letzte Cabriolet-Limousine (1956)

Andrang am Opel-Stand auf der Automobilausstellung im Frühjahr 1953: Der Olympia Rekord sorgt mit seiner ganz neuen Karosserie für Aufsehen. Was damals noch niemand ahnt: Der Rekord wird das erfolgreichste Auto seiner Klasse.

Technisch hat er nicht viel Neues zu bieten, seine Stärke sind die Detailverbesserungen. Der auf Wirtschaftlichkeit konzipierte Rekord soll vor allem dem Konkurrenten Ford Taunus 12M die Zähne zeigen. Der ist nähmlich schon seit einem Jahr erfolgreich im Geschäft.

1955/56 folgen weitere optische Verbesserungen: erweitertes Heckfenster, die "Haifischzähne" werden durch ein Kühlergitter ersetzt, was 1957 schon wieder verändert wird.

Opel Olympia Rekord (1955)

OPEL REKORD

Opel Olympia Rekord (1958-1960)

Nach amerikanischer Art wird die Karosserie 1958 wieder erheblich verändert. "Panoramascheiben" heisst die Parole und die bisher noch leicht angedeuteten Kotflügel sind nun endgültig passé. 1959 kommt ein Rekord 1700 mit 55 PS auf den Markt, der sich vom 1,5-Liter aber nur in Hubraum und Leistung unterscheidet. Autenrieth gibt 1959 aufwendige Sonderkarosserien als Cabriolet und Coupé heraus. Kombis, bei Opel "Caravan" genannt, werden jeweils parallel zur Limousine angeboten.

Luxus-Rekord der Schweiz: Ascona

Technische Daten: (Rekord 1953)
Motor: Vierzylinder Reihe, Hubraum: 1.488 ccm, Leistung: 40 PS bei 3.800 U/min, Spitze: 120 km/h, Verbrauch: 8,2 Liter, Stückzahl: 1953 bis 1960 insgesamt 1.468.292, Preise: Limousine 6.250 DM, Caravan und Cabriolet je 300 DM mehr

Rekord der sechziger Jahre: viertüriger P II

Borgward Isabella Coupé (1957-1961)

Borgward Isabella TS Cabriolet

Borgward Isabella "Stadtcoupé" (1955)

BORGWARD ISABELLA

Durchbruch in der Mittelklasse

Vor 200 Journalisten steuert Carl F.W. Borgward 1954 seine Isabella vom Band der Montagehalle. Er ist stolz auf seinen völlig neu konzipierten "Hansa 1500", wie er eigentlich heissen sollte. Und stolz kann er auch sein, der 64-jährige. Die Isabella, von ihm selbst entworfen, ist eine gelungene Konstruktion. Der 1,5-Liter-Motor erweist sich als technisch ausgereift und robust. Das Platzangebot besticht: Fünf bis sechs Personen! Grosser Kofferraum, komfortable Innenausstattung, nur Lack und Chrom sind nicht vom Besten.

Seit Mai 1955 im Programm: Isabella Kombi

Das elegante Isabella-Coupé (1957)

BORGWARD ISABELLA

Der "Grosse Borgward" P 100 (1960)

Mit der Isabella auf die Piste

Mit Einzelliegesitzen und höherer Motorleistung erscheint 1955 die Isabella TS und ab 1957 gibt es das traumhaft schöne Isabella Coupé, das 1959 nicht am Trend der Zeit vorbeikommt: Heckflossen sind angesagt, aber nur auf Wunsch.

1960 geht der Absatz ins europäische Ausland und in die USA unerwartet stark zurück. Die Geschäfte im eigenen Land stagnieren. Borgward muss hohe Kredite aufnehmen. Am 11. September 1961 wird das Konkursverfahren eröffnet.

Technische Daten: (Isabella 1954)
Motor: Vierzylinder Reihe, Hubraum: 1.493 ccm, Leistung: 60 PS bei 4.700 U/min, Spitze: 135 km/h, Verbrauch 10,5 Liter, Stückzahlen: 202.862 (davon 37.396 Kombi), Preise: 7.265 DM, Kombi 7.765 DM

Mercedes Benz 190 SL

Der preiswerte Bruder

Der schnittige 190 SL kommt im Sog des grossen Bruders 300 SL. Daimler-Benz will eine preiswerte Alternative schaffen. Gespart wird am Fahrwerk und am Antriebsaggregat. Wo der 300 SL mit Gitterrohrrahmen und Direkteinspritzung aufwarten kann, muss sich der 190 SL mit der Rahmenbodengruppe des gerade in Serie gegangenen 180er Pontonmodells begnügen.

Technische Daten:
Motor: Vierzylinder Reihe, Hubraum: 1.897 ccm, Leistung: 105 PS 5.700 U/min, Spitze: 171 km/h, Verbrauch 12,5 Liter Super, Preise: 16.500 DM mit Verdeck, 17.650 DM mit Verdeck und Coupé-Dach

Mit abnehmbarem Coupédach: Der 190 SL

Rennsportausführung des 190 SL von 1954

MERCEDES BENZ 190 SL

Mercedes Benz 190 SL Roadster (1955-1962)

MERCEDES BENZ 300 SL

Roadster 300 SL (1957-1963)

Der Flügeltürer

Er ist der absolute Star bei allen Oldtimertreffen: Der Traum-Sportwagen 300 SL. Breitet er seine Flügel aus, geraten die Zuschauer ins Schwärmen. Als Sammelobjekt ist er heute kaum zu bezahlen.

Erst nach langer Pause schickt Mercedes-Benz 1952 wieder einen Sportwagen auf die Pisten. Serienmässig wird er ab 1954 gebaut. Der Motor ist aus dem des 300 entwickelt, verfügt über eine direkte Benzineinspritzung in die einzelnen Zyinder. Ölhydraulische Bremsen mit autmatischer Nachstellung und zwangsgekühlten Turbotrommeln sorgen für entsprechende Beherrschung.

Das Coupé mit den Flügeltüren wird bis 1957 gebaut. Von 1957 bis 1963 gibt es einen Roadster mit normalen Türen. 1958 ist ein abnehmbares Coupédach im Programm.

Technische Daten:
Motor: Sechzylinder-Reihen-Einspritz, Hubraum: 2.996 ccm, Leistung: 215 PS bei 5.800 U/min, Spitze: bis zu 260 km/h, Verbrauch: 17 Liter Super, Preise: Flügeltürer 29.000 DM, Roadster 32.500 DM

Mercedes Benz 300 SL (Flügeltürer)

MERCEDES BENZ 300 SL

Palette der 3-Liter-Sportwagen

Die Flügeltüren sind übrigens kein Gag der Karosserieschneider sondern konstruktionsbedingt. Später werden sie von anderen Firmen übernommen. Der grösste Produktionsanteil des 300 SL wird nach Übersee exportiert, wo Liebhaber heute hohe Preise bezahlen, um ihn wieder nach Deutschland zu bringen.

300 SLR-Rennsportausführung mit 8 Zylindern

KARMANN GHIA

Das Schmuckstück

Er ist ebenso beliebt wie unbeliebt. "Mehr scheinen als sein" behaupten die Gegner. Aber wenn er auch nicht so viel hergibt, wie sein Äusseres verspricht: Er ist ein Schmuckstück. Unkomplizierte, anspruchslose Technik, günstiger Preis, VW-Service: all dies beschert ihm immerhin insgesamt mit allen Varianten rund 445.300 Kunden bzw. Kundinnen. Im Gegensatz zu früher sind heute die Cabriolets in Oldtimerkreisen sehr gefragt.

Technische Daten: (1955-1960)
Motor: Vierzylinder Boxer luftgekühlt, Hubraum: 1.192 ccm, Leistung: 30 PS bei 3.400 U/min, Spitze: 118 km/h, Verbrauch: 8 Liter, Preise: Coupe 7.500 DM, Cabriolet 8.250 DM

Karmann Ghia Coupé 1959

Karmann Ghia Coupé (1956)

GOGGOMOBIL

Goggomobil Coupé

Der Erfolgreichste

Er kommt zum richtigen Zeitpunkt: Der Goggo, wird im Herbst 1954 vorgestellt und begeistert alle diejenigen, die sich bisher nur ein Motorrad oder einen Motorroller leisten konnten. Auch die Besitzer des alten Führerscheines IV dürfen ihn fahren. Hinzu kommt, dass der Goggo im Gegensatz zu vielen Konkurrenten 4 Räder hat und mit seiner Pontonform wie ein einigermassen richtiges Autos aussieht.

Technische Daten: (Limousine T 250)
Motor: Zweizylinder Zweitakt, Hubraum: 247 ccm, Leistung: 13,6 PS bei 5.400 U/min, Spitze: 72 km/h, Verbrauch: 6 Liter, Preis: 3.097 DM, Stückzahlen: ca.187.200 von der Limousine, Baujahre: 1955-1969

Goggomobil Limousine

Wettergeschützt und allseitig geschlossen

BMW Isetta (1956)

Noch heute ist ihre Populariät ungebrochen: Die Isetta, die BMW nach einer Lizenz der italienischen Firma ISO ab 1955 baut. Die Suche nach einem geeigneten Motor ist schnell beendet: Der Motorradmotor R 25 scheint der richtige zu sein. Das Motocoupé, wie es in der Werbung heisst, ist gross genug für eine dreiköpfige Familie. Ausserdem sagt die Werbung: Wettergeschützt und allseitig geschlossen sei das neue Mobil. Genau das wollen die vielen Interessenten hören, die auf ihren Motorrädern oder -Rollern ständig dem Wetter ausgesetzt sind. Und so wird die Isetta, mit BMW im Rücken, schnell zum ärgsten Konkurrenten des Goggomobils.

Ursprüngliche Karosserie (gebogenes Heckglas)

BMW ISETTA

BMW Isetta (Ifma 1956)

1956 gibt es eine leicht überarbeitete, verstärkte Isetta 300 mit festem Dach (Faltdach nur auf Wunsch). Für den Export wird eine dreirädrige Ausführung angeboten, die in jenen Ländern begehrt ist, in denen Dreiradfahrzeuge Steuervorteile bieten. Auch eine grössere Isetta steht bald auf dem Programm: Die "Doppelisetta" wie sie genannt wird oder "BMW 600", ist wie die kleine Isetta mit dem Fronteinstig behaftet. Zusätzlich gibt es eine Seitentür hinten rechts.

Technische Daten: (Isetta 250)
Motor: Viertakt Einzylinder luftgekühlt, Hubraum: 245 ccm, Leistung: 12 PS bei 5.800 U/min, Spitze: 85 km/h, Verbrauch 5,5 Liter, Stückzahl: 161.728, Preis: 2.580 DM

BMW 600 von dem ehemaligen Westtor

BMW 507

Ein Roadster-Klassiker erster Klasse

Der 1954 von Ernst Loof entworfene Vorläufer des 507 geht nicht in Serie

Technische Daten: (BMW 507)
Motor: Achtzylinder V-Form, Hubraum 3.168 ccm, Leistung: 150 PS bei 5.000 U/min, Spitze 220 km/h, Verbrauch: 17 Liter Super, Stückzahl: 253, Preis: 26.500 DM

Bei vielen Sportwagen-Freunden gilt er als rassigster Roadster-Klassiker. Auf Oldtimertreffen ist er nur selten zu sehen und wenn, dann wird er umlagert: der BMW 507. Von den nur 253 gebauten Exemplaren sollen noch 70 existieren: Raritäten erster Klasse. Für den, der es sich leisten kann, eine vorzügliche Kapitalanlage!

Gleichzeitig mit dem 503 wird der 507 auf der IAA 1955 vorgestellt. Sein Cabriolet-Verdeck lässt sich vollständig versenken; ein massgeschneidertes Hardtop ist auch lieferbar. Wie sein Bruder ist der 507 von Graf Goertz entworfen und wird als ebenbürtiger Konkurrent des Mercedes 300 SL angesehen. Die Stückzahlen bleiben allerdings weit hinter denen des Mercedes zurück: das liegt unter anderem am hohen Exportanteil des 300 SL. Seine sportlichen Qualitäten hat er jedenfalls unter Beweis gestellt: bei Bergrennen, mit Hans Stuck am Steuer, zeigte er dem 300 SL einige Male die Rücklichter.

Der Bruder des 507: BMW 503, ein eleganter Reisewagen mit Platz für zwei Erwachsene und zwei Kinder, ausgerüstet mit dem 3,2-Liter-V8-Motor mit 140 PS, Spitze: 190 km/h. 412 Stück werden von ihm gebaut.

BMW 507

Er ist heute viel begehrter als in den Jahren seiner Bauzeit: Der BMW 507, einer der ganz grossen Klassiker

Die schnellste Reiselimousine ihrer Zeit

Mercedes Benz Cabriolet 220 S

Die selbsttragende Ponton-Modellreihe beginnt bereits 1953 mit der Vorstellung des Typs 180. Die 220 S und 220 SE sind eine Weiterentwicklung dieser Reihe und kommen 1956 auf den Markt. Karosserie und Fahrwerk sind vom 180er übernommen. Der erstklassige Motor basiert auf dem des Vorgängers 220, der in der "SE"-Version als Einspritzer geliefert wird. Der 220 SE mit 115 PS und einer Spitzengeschwindigkeit von 160 km/h galt damals als schnellste Reiselimousine seiner Zeit.

Mercedes Benz Coupé 220 SE

MERCEDES BENZ 220 S/SE

Mercedes Benz Limousine 220 S (1956-1959)

Technische Daten: (220 S und 220 SE)
Motor: Sechzylinder Reihe, Hubraum 2.195 ccm, Leistung: 100 (115) PS bei 4.800 U/min, Spitze: 160 km/h, Verbrauch: 14 (13,5) Liter Super, Stückzahlen: 55.279 (1.974) Limousinen, 3.429 (1.942) Cabriolets und Coupés, Preise: 12.500 (14.400) DM Limousine, 21.500 (23.400) DM Cabriolet und Coupé
Angaben in Klammern betreffen den 220 SE

Die Pontonform: erstmals beim 180er (1953)

Text eines Inserates von 1956: "Wenn der Verkehr am dichtesten ist, beweist Ihnen der 220 S am deutlichsten seine Überlegenheit. Was schon der dynamische Schwung seiner formvollendeten Karosserie an Temperament verspricht, hält die Kraft seines anzugfreudigen Motors in jeder Situation. Die Schnelligkeit, die Ihnen dieser Motor bietet, können Sie dank der hervorragenden Strassenlage und seiner ausgewogenen Federung jederzeit sicher und ohne Ermüdung geniessen. Und weil Sie durch die sportliche Kraft dieses Wagens jede Verkehrssituation überlegen meistern, gilt der 220 S mit Recht als Autorität im Verkehr."

Ponton à la Kombi: 180 D Karosserie Binz (1954)

Mercedes Benz Coupé 220 S (1956-1959)

Mercedes Benz 220 SE Cabriolet (1955-1960)

Barocktaunus vor Gotikdom: Der Ford Taunus 17 M als Cabriolet

FORD TAUNUS 17 M

Barocktaunus und Badewanne

Hohe Erwartungen wecken die Kölner Ford-Werke bei der Vorlaufwerbung zu ihrer Neuerscheinung. Die Interessenten werden nicht enttäuscht. Der nach amerikanischem Vorbild mit Heckflossen ausgestattete 17 M bietet eine völlig neue Karosserie, die vorzüglich in die späten fünfziger Jahre passt. Der Innenraum ist mit einem Kunststoff-Dachhimmel! ausgestattet und fünf Personen können bequem sitzen. Zwei- und Viertürer sind im Programm, Stahlschiebedach, und als "de Luxe" präsentiert sich der 17 M in Zweifarben-Lackierung. Der Motor hat einen neuen Zylinderkopf, der Preis stimmt: Dem Erfolg des Barocktaunus steht nichts im Weg.

17 M als Polizeifahrzeug (1958)

17 M de Luxe in Zweifarben-Lackierung (1957-1959)

FORD TAUNUS 17 M

17 M "Badewanne" (1960-1964)

Technische Daten: Baujahre 1957-59, in Klammern: 1960-64 Motor: Vierzylinder Reihe, Hubraum: 1.698 ccm, Leistung: 60 PS bei 4.250 U/min, Spitze: 128 (138) km/h, Stückzahlen: 236.533 (669.731), Preise: zweitürige Limousine 6.830 (6.645) DM

Viertürige Polizeilimousine (1960-1964)

17 M Sport Coupé von Deutsch

Speziell für Deutschland entwickelt Ford eine Karosserieform, auf die der Volksmund sofort reagiert: "Badewanne". Sie erscheint 1960, löst den Barocktaunus ab und sieht völlig anders aus, als dieser. Sie trägt die "Linie der Vernunft", wie Ford es in der Werbung nennt. Glatt, abgerundete Kotflügel, fast stromlinienförmig.

Obwohl gewöhnungsbedürftig, kommt die Karosserie gut an. Der Bundesbürger, der die Nachkriegszeit mit ihren Entbehrungen und Belastungen überwunden hat, ist aufgeschlossen für neue Ideen. Und besonders empfänglich für alles, was aus Amerika kommt. Die amerikanische Automobilindustrie, von Kriegsschäden oder deren Folgen kaum betroffen, ist in diesen Jahren Trendsetter für Europa. So erklärt sich der Erfolg der "Badewanne", die von September 1960 bis August 1964 produziert wird und eine Auflage von 669.731 Stück erreicht! Darunter 86.010 Kombi bzw. Turnier, wie er bei Ford genannt wird.

Die Angebotspalette wird immer umfangreicher. Den "P3", wie die Badewanne werksintern genannt wird, gibt es als 1,5- und 1,7-Liter-Version jeweils mit zwei oder vier Türen, als Turnier und von Deutsch für ca. 11.000 DM als Zweisitzer-Cabriolet und Coupé.

AUTO UNION 1000 SP

Auto Union 1000 Sp Roadster (1961)

Der deutsche Thunderbird

Auf der Basis der Auto Union-Limousine 1000 S stellt die Karosseriefirma Baur einen traumhaft schönen Sportzweisitzer her: Auto Union 1000 Sp, Sp wie "Sport" natürlich. Dass der Sp dem Ford-Thunderbird nachempfunden ist, nimmt niemand übel. Im Gegenteil. Die Käufer (immerhin 6.640 werden es im Laufe der Baujahre) sind froh, ein solches Gefährt für 11.950 DM erstehen zu können. Premiere ist auf der IAA 1957. Die Auslieferung erst 1958. Zunächst gibt es nur ein Coupé, den Roadster ab September 1961.

Technische Daten:
Motor: Zweitakt-Dreizylinder Reihe, Hubraum: 980 ccm, Leistung: 55 PS bei 4.500 U/min, Spitze: 140 km/h, Preise: 11.950 DM, ab August 1959 10.750 DM

Das Auto wird "der Deutschen liebstes Kind"

Die sechziger Jahre

Die kuriosen Gefährte der Nachkriegszeit, oft nur mit zwei oder drei Rädern ausgestattet, verschwinden aus dem Strassenbild. Die kleinen Autofirmen, die von erfindungsreichen, aber meist finanzschwachen Männern zu Beginn der fünfziger Jahre eilig gegründet wurden, existieren nicht mehr. Sie sind pleite, oder haben sich rechtzeitig umgestellt. Selbst Borgward muss passen. DKW bzw. Auto-Union werden zunächst von Daimler-Benz, später von VW übernommen. Die hochverschuldeten Glaswerke gehen an BMW. Nur die Grossen mit Fliessbandproduktion, riesigen Werbeetats und funktionierendem Händlernetz überleben.

Ein neues Kapitel deutscher Automobilgeschichte wird mit den sechziger Jahren eingeleitet, jene Epoche, die später als "Goldene Jahre" des Autos bezeichnet werden wird. Die noch junge Bundesrepublik steht wirtschaftlich gut da. Die Kaufkraft wächst. Das Strassennetz wird zügig erweitert. Autobahnen sorgen für immer "kürzer" werdende Entfernungen. Urlaub kommt in Mode, das Wort "Freizeit" entsteht. Kaum ein Haushalt ist mehr ohne PKW. Das Auto wird zum wichtigsten Prestigeobjekt, die Autoindustrie verzeichnet Rekordzahlen, auch der Export floriert. Von Ölkrise, Sonntagsfahrverbot, Luftverschmutzung und Waldsterben ist noch nicht die Rede.

Wenn man Audi dem VW-Konzern zurechnet und von NSU einmal absieht, existieren 1970 nur noch sechs deutsche PKW-Hersteller. Für den deutschen Markt betrüblich, wenn man an Autos wie die Borgward-Isabella oder den RO 80 von NSU denkt. Für den internationalen Markt aber, auf dem die USA führend sind und auf den Japan mit grosser Macht drängt, ist die Konzentration von Vorteil. Die wirtschaftliche Kraft der professionell geführten Konzerne mit hohem Exportanteil sichert weltweit Marktanteile und in der Bundesrepublik Arbeitsplätze.

Weil der Autokäufer in den sechziger Jahren immer anspruchsvoller wird und sehr bewusst auf das Äussere des Wagens achtet, bemühen sich die Hersteller um erfolgreiche, bekannte Karosserieschneider. Der Beginn des Jahrzehnts ist geprägt von amerikanischem Einfluss: Panoramascheiben und Heckflossen. Und das nicht nur bei Opel oder Ford. Selbst Mercedes-Benz erlaubt sich einen solchen Modeschnörkel. Aber diese Welle hält nicht lange. Bald sind klare Linien gefragt und eine immer niedriger werdende Bauweise. Steigende Verkehrsdichte und die beginnende Parkplatznot ab Mitte der sechziger Jahre zwingt zu kompakter Bauweise. Und obwohl Platzangebot und Kofferraum vergrössert werden, lassen sich die Aussenmasse reduzieren.

Der Vorderradantrieb mit vornliegendem Motor setzt sich durch (DKW/AUDI), aber auch der Heckmotor ist in neuen Konstruktionen erhältlich (Porsche/VW). Der nichtsynchronisierte erste Gang ist Ende des Jahrzehnts fast nicht mehr anzutreffen. Die Lenkradschaltung muss in der Regel wieder der Mittelschaltung weichen. Gürtelreifen, Scheibenbremsen, Sicherheitslenksäule, Verbundglas, Sicherheitsgurte und Kopfstützen sind neue Begriffe im Autovokabular, an die wir uns inzwischen längst gewöhnt haben.

Während 1950 in der Bundesrepublik rund 200.000 PKW produziert werden, sind es 1960 bereits neunmal so viel: 1,8 Millionen und 1970 ist diese Zahl fast verdoppelt: 3,3 Millionen. Damit liegt Deutschland nach den USA an zweiter Stelle vor Japan, Frankreich, England und Italien. Den Hauptanteil der deutschen Produktion 1970 erreicht VW mit 1,5 Million Autos.

Goldene Jahre, die sechziger, für das deutsche Automobil? Unbestritten ist: So unbeschwert wie damals werden wir mit unserem "liebsten Kind" nie wieder umgehen können.

Ganz im Stil der späten sechziger Jahre: Der BMW 2500 (1968-1977) und das Outfit der beiden Damen

NSU PRINZ

Der NSU Sport-Prinz, zweisitziges Coupé mit 30 PS und 120 km/h Spitze, 5.985 DM (1959-1967)

Wohl dem, der einen Prinz besitzt

Mit diesem Slogan wirbt NSU für seinen Kleinwagen, dem ab 1958 gelingt, was nicht für möglich gehalten wird: Er etabliert sich auf Anhieb im heissumkämpften Kleinwagenmarkt. 1962 sind von den Serien I-III insgesamt 94.549 Stück verkauft!

Die kesse Pontonform, der verdoppelte, bewährte NSU-Motorradmotor, gute Strassenlage und temperamentvolle Leistung sorgen für ein positives Gesamturteil. Daran können auch das laute Motorengeräusch und die schlechte Federung nichts ändern.

Die Serien I und II sind jeweils mit 20 PS, die Serie III mit 23 PS und der Prinz 30, der von 1959 bis 1962 gebaut wird, mit 30 PS ausgerüstet. Ebenso der Sport-Prinz, der bis 1967 im Programm ist.

Technische Daten: (Prinz I 1958-1960)
Motor: Zweizylinder-Viertakt, Hubraum: 583 ccm, Leistung: 20 PS bei 4.600 U/min, Gewicht: 510 kg, Spitze: 105 km/h, Verbrauch: 7 Liter, Preis: 3.739 DM

NSU Prinz I (1958-1960)

NSU PRINZ

NSU Prinz 4, Nachfolger der Serien I bis III, der ohne wesentliche Veränderungen von 1961-1973 gebaut wurde

MERCEDES BENZ 600

Mercedes Benz 600

Sonderausführung 600 Landaulet

MERCEDES BENZ 600

Eines der exclusivsten Automobile der Welt

Der Papst besitzt ihn, Ölscheichs kurven damit auf ihren Wüstenstrassen, Präsidenten und Wirtschaftskapitäne aus aller Welt bestellten sich Sonderausführungen mit raffinierter Technik und aufwendigster Ausstattung. Nur die Bundesregierung knausert. Bonn mietet das Luxusauto je nach Bedarf in Stuttgart an. Noch heute zählt der Mercedes 600, der von 1964 bis 1981 gebaut wurde, zu den exclusivsten Autos der Welt. Nur 2.677 Exemplare werden in den 17 Jahren Bauzeit hergestellt, 586 davon bleiben in Deutschland.

Mit dem Mercedes 600 knüpft Daimler-Benz wieder an die Zeit der Repäsentationsautos der dreissiger Jahre an; ein Kompressor arbeitet heute allerdings nicht mehr unter der Haube.

Von Serienfertigung kann man beim 600er nicht sprechen. Er wird jeweils ganz individuell für den Kunden hergestellt. Daran darf längst nicht jeder mitarbeiten. So exclusiv wie der Wagen sind auch Monteure: 15 Jahre Werkszugehörigkeit und viel Können sind die Mindestvoraussetzungen. Damit der Chauffeur den Nobelwagen optimal beherrscht, lädt ihn Daimler-Benz zu einem zweitägigen Lehrgang ein..

Technische Daten: (in Klammern: Pullmann)
Motor: V8-Zylinder Einspritzer, Hubraum 6.330 ccm, Leistung: 250 PS bei 4.000 U/min, Spitze: 207 (200) km/h, Verbrauch 24 (26) Liter, Preise: 56.500 (63.500) DM

Der grösste und der kleinste Mercedes Benz: Der 600 von 1964 und der 170 V von 1946

NSU RO 80

NSU Ro 80, der obere Wagen ist im Automuseum Ibbenbüren zu besichtigen

NSU RO 80

Noch heute so modern wie 1967

Er beschliesst, exclusiv und zukunftsweisend, den Reigen des Audi-NSU-Programms. Und mit Ihm verschwindet die traditionsreiche Automarke NSU. 1967 wird er auf der IAA präsentiert und - bewundert. Für NSU gibt es nie einen Grund, den Ro 80 wesentlich zu ändern oder gar die Karosserie zu wechseln. Statt dessen konzentriert man sich auf verfeinernde Weiterentwicklung um sicherzustellen, dass er noch nach Jahren als Beispiel fortschrittlichen Autobaus gelten kann.

Ausser seiner unkonventionellen Form hat er noch mehr zu bieten: den Zweischeiben-Wankelmotor, Frontantrieb und Vierrad-Scheibenbremsen mit Zweikreis-Hydraulik. Der Wankelmotor kommt NSU teuer zu stehen: An ihm wird ständig herumgebastelt und viele Tauschmotoren aus Kulanzgründen sind fällig. Heute ist er noch häufig im Strassenverkehr zu sehen, der Ro 80. Aber er fällt nicht auf: Seine Form ist immer noch so modern wie 1967.

Technische Daten:
NSU/Wankel Kreiskolbenmotor, Kammerinhalt: 497,5 ccm, Leistung: 115 PS bei 5.500 U/min, Spitze 181 km/h, Gewicht 1280 kg, Verbrauch 15 Liter, Stückzahlen: 33.910 (davon wurden 20.801 in der Bundesrepublik zugelassen), Baujahre: 1967-1977, Preise: von 14.150 DM (1967) bis 21.520 DM (1975)

PORSCHE 911

Der erfolgreichste Heckmotor-Sportwagen

Windschlüpfrig und geräumig soll er sein und von einem luftgekühlten Heckmotor angetrieben werden: der Nachfolger des legendären Porsche 356, über den sich Ferry Porsche bereits 1956 Gedanken macht. 1963 ist es soweit. Auf der IAA wird die Neukontruktion als Werk von Ferry Porsches Sohn Ferdinand vorgestellt. 901 soll er heissen, doch Peugeot reklamiert diese Bezeichnung für sich und um Ärger zu vermeiden, nennt man ihn einfach 911.

Gegenüber dem 356 ist der 911 mit längerem Radstand, grösserem Innenraum und neuer Fahrwerkskonstruktion ausgestattet. Die Vierzylindermotoren des 356 sind leistungsmässig erschöpft. Porsche konstruiert den Sechszylinder-Boxermotor mit achtfach gelagerter Kurbelwelle und greift auf seine bewährte Luftkühlung zurück.

Als er 1964 in Serie geht, ahnt sicher noch niemand, dass der 911 der erfolgreichste Heckmotor-Sportwagen aller Zeiten werden wird. 1981 sind fast 200.000 Stück verkauft. Heute ist er immer noch im Programm: 28 Jahre! Im Modelljahr 1991 ist er in drei Karosserieversionen (Coupé, Targa, Cabrio) und mit zwei Antriebsvarianten erhältlich: als Carrera 2 mit Hinterradantrieb, als Carrera 4 mit Allradtechnik.

Technische Daten: (911 von 1964)
Motor: Sechszylinder-Boxer, Hubraum: 1.991 ccm, Leistung: 130 PS bei 6.100 U/min, Spitze: 210 km/h, Verbrauch: 15 Liter, Baujahre: in dieser Version von 1964 bis 1968, Preis: 21.900 DM

Porsche 911 Coupé (1964)

PORSCHE 911

Porsche 911 S (1966)

Porsche 911 Targa (1966)

OPEL GT 1900

Der Preis hält sich in Grenzen

IAA 1965: Am Opel-Stand wird ein "Experimental-GT" präsentiert. Der Opel, der stark der Chevrolet-Corvette ähnelt, wird zwar beachtet, aber man kennt das ja mit den Experimentals: Serienfahrzeuge werden nie daraus. Und niemand ahnt, dass aus dieser Studie drei Jahre später tatsächlich ein käuflicher Opel GT werden wird.

Der GT erregt sofort das Interesse aller Sportwagenfans: schnittige Linie, versenkte Scheinwerfer, die sich beim Öffnen um ihre Achse drehen, unter der Stosstange sitzende Weitstrahler für die Lichthupe, in die Dachpartie hineinragende Türen. Und vor allem: Der Preis hält sich in Grenzen. Die 1900er Version mit 90 PS und 185 km/h Spitze kostet 11.880 DM.

Der GT 1900 wird bis 1973 gebaut. Sein kleinerer Bruder, der GT 1100 nur bis zum Sommer 1970. Die stärkere Version verkauft sich wesentlich besser. 1969 werden zwei Einzelstücke einer Targa-Version "Aero GT" gebaut. 1971 erscheint der GT/J (Junior), der vom Motor her dem 1900 entspricht und sich nur durch mattes Schwarz anstelle von Chrom von diesem unterscheidet.

Technische Daten: (Opel GT 1900)
Motor: Vierzylinder Reihe, Hubraum: 1.897 ccm, Leistung: 90 PS bei 5.100 U/min, Spitze: 185 km/h, Verbrauch: 12,5 Liter, Stückzahlen: 99.800, Baujahre: 1968-1970

Opel GT 1900 (1968)

OPEL GT 1900

Opel GT/J 1900 (1971)

Trotz Ölkrise und Waldsterbens: Das Auto ist nicht zu bremsen

Von den siebziger bis in die neunziger Jahre

Spektakulär bereiten die Amerikaner 1969 mit der ersten bemannten Mondlandung den Eintritt in die siebziger Jahre vor. Die folgenden zwei Jahrzehnte stehen damit weitgehend im Zeichen der Raumfahrtforschung: Eine Entwicklung, die der Autobranche wichtige Impulse gibt.

Enorme Preiserhöhungen durch die OPEC führen in Deutschland zu Geschwindigkeitsbegrenzungen und Sonntagsfahrverboten. Mancher Autobesitzer spielt bald mit dem Gedanken, sein leistungsstarkes Fahrzeug gegen ein kleineres, billigeres einzutauschen. Erstmals seit Ende des zweiten Weltkriegs stagnieren die Zulassungszahlen. Mitte der siebziger Jahre steigt die Nachfrage wieder an, um 1980 erneut zurückzugehen: Der Benzinpreis steigt unentwegt. Hinzu kommt das gewachsene Umweltbewusstsein. Das Waldsterben wird unter anderem auch dem Auto angelastet. Aber das Auf und Ab geht weiter. Ist 1983 wieder ein Aufwärtstrend feststellbar, gibt es schon drei Jahre später eine weitere Krise durch die wenig einheitliche Politik der OPEC. Aber der Markt beruhigt sich wieder. Allerdings nur bis Mitte 1990: Golfkrise!

Mit den siebziger Jahren beginnt auch eine Entwicklung, die sich in den folgenden Jahren, Jahrzehnten unablässig fortsetzt: "Drittwagen" heisst das Schlüsselwort. Jugendliche wollen ihr eigenes Auto. So sehr sie sich für Umweltschutz und Biotonne stark machen, beim Thema "eigenes Auto" hört die Diskussion auf. Der Drang zu gestylten, getunten, frisierten Autos setzt ein. Jüngere Autokäufer setzen auf Imponierautos. Nur billiger als die Mercedes SLs und Porsches sollen

VW-Porsche 914 (1969-1972)

Ford Scorpio GL mit RS-Kit

sie schon sein. Und richtig "heiss" müssen sie aussehen: VW-Porsche, Ford Capri, Opel Manta, VW-Scirocco usw. heissen die Antworten der Autoindustrie. Aber auch brave Familienwagen wie der Ford Escort werden in abenteuerlichsten Varianten und mit tollster Kriegsbemalung angeboten. Tuningfirmen haben Hochkonjunktur. Klevere Händler bieten in dickleibigen Katalogen auf Hochglanzpapier und mit Hotgirls umrahmt alles an, was das Herz des konsumfreudigen Autofans begehrt: Vom "Turbolader" bis zum "Spoiler für den aerodynamischen Feinschliff", vom "Stereoturm mit weitverzweigtem Bordlautsprechernetz" bis zum kompletten "Powerpack". Wer will da widerstehen? Und plötzlich kommen die Trabis. Welch ein Kontrast!

So fahren wir also, Mercedes neben Trabant, Opel neben Wartburg, und es boomt schon wieder (bei uns jedenfalls), trotz der irakischen Attacke: Der Gebrauchtwagenmarkt erlebt durch den Bedarf in der ehemaligen DDR eine Renaissance ersten Ranges. Erhöhter Neuwagenbedarf wird folgen.

Bleibt zu hoffen, dass unsere Technik mit der umfangreichen Problematik "Umwelt" fertig werden wird. Warum sollte das eigentlich nicht gelingen? Das Auto und seine Herstellung muss absolut umweltunschädlich gestaltet werden! Erst dann können wir wieder ohne Gewissensbisse unserem Hobby frönen.

Opel-Commodore GS/E

Ford Escort RS 2000 mit 100 PS

FORD CAPRI

Capri im Regen

Wo soll die Vorstellung des Capri stattfinden? Auf der Mittelmeerinsel selben Namens natürlich. Aber Petrus macht der guten Idee einen Strich durch die Rechnung: Wegen starken Regens bleibt man auf dem Festland. Also wird der Capri Mitte Januar 1969 in Neapel vorgestellt.

Das Gemeinschaftswerk von Ford Deutschland und Ford England wird gekonnt auf den europäischen Geschmack zugeschnitten. Die lange Motorhaube, das kurze Heck: Es sieht sportlich aus und kommt auf Anhieb gut an, das Pendant zum amerikanischen Ford-Mustang. Wer allerdings in den Serienmodellen hochgezüchtete Technik erwartet, wird enttäuscht. Wie viele andere Ford-Automobile auch, erhält der Capri vorn Querlenker und Schraubenfedern, hinten eine Starrachse mit Längsblattfedern und Schubstreben.

Capri 1300 (1969)

Technische Daten: (Capri 1300 von 1969) Motor: V4-Zylinder, Hubraum: 1.305 ccm, Leistung: 50 PS bei 5.000 U/min, Spitze: 133 km/h, Verbrauch: 10,5 Liter, Baujahre: 1969-1972, Preis: 6.995 DM

Capri II 2,3 Liter, V-Sechszylinder, 108 PS

FORD CAPRI

Ford Capri mit RS-Kotflügelverbreiterungen und Heckspoiler von Ford. Frontspoiler, Seitenschweller und Felgen sind von RSB.

Ford Capri im Renneinsatz

FORD CAPRI

Vorserienfahrzeug auf Kältetestfahrt im Norden

Capri mit 2,3-Liter-V6-Motor (1972-1973)

> **Technische Daten:** (Capri 1700 GT 1969-1972)
> Motor: V4-Zylinder, Hubraum: 1.699 ccm,
> Leistung: 75 PS bei 5.000 U/min, Spitze: 152
> km/h, Verbrauch: 11,5 Liter, Preis: 7.300 DM

Der Capri ist ein Auto für Individualisten. Ford liefert ihn als Vierzylinder, ab Mai 1969 auch als Sechszylinder. Die Grundausstattung lässt sich durch verschiedene Ausstattungspakete (L, X, XL) verfeinern, ganz individuell. Zusätzlich gibt es beim 1700 GT und 2300 GT eine erweiterte Instrumentengruppe mit Drehzahlmesser, Öldruckanzeiger und Amperemeter.

Bis 1973 läuft die erste Serie, ihr folgt der Capri II. Von den bis dahin 784.000 produzierten Fahrzeugen fahren zwei Drittel im Ausland, der grösste Teil in den USA.

Capri 3000 GXL (1972-1973

FORD CAPRI

Der Capri II hat 1974 Premiere. Als erste Ford-Limousine besitzt er eine Heckklappe. Die Karosserie ist leicht geändert, etwas runder. Die Motorenauswahl: von 1,3 bis 3,0 Liter. Das Ghia-Ausstattungspaket sorgt für Luxus. 1976 kommt die "S" (Sport)-Version mit serienmässigem Frontspoiler. Bei der Ausgabe 1978 ist die Motorhaube leicht über die Doppelscheinwerfer gezogen. 1982 gibt es eine 2,8-RS-Ausführung mit Abgas-Turbolader und 188 PS. Der Super-GT, der letzte sportliche Capri, bietet: Leichtmetallfelgen, Heckspoiler und Stossstangenhörner serienmässig.

Insgesamt werden vom Capri II (1974 bis 1985) 729.00 Stück gebaut. Die Preise (1975): von 10.890 DM für den 1300er bis 17.645 DM für den Ghia 3000.

Der Capri beim Grossen Preis von Hockenheim (1978)

Capri RS (1973)

OPEL MANTA

"Da drin werd' ich zum Panther"

Perfekt organisierte Manta-Treffen finden statt, bei denen man sich gegenseitig die neuesten Tuningteile und Fahrkünste vorführt. Es gibt Manta-Witze und neuerdings auch einen Manta-Song, dessen Platte mehr als 100.000 mal verkauft wurde: "Ich fahr' ja den Manta, das is'n starker Bock. Da drin werd' ich zum Panther und fahr' andauernd um'n Block." Der Manta erlebt einen Zuspruch, den er zu seinen Bauzeiten nicht hatte. Keine Frage: Der Manta ist längst ein Kultauto. Und das, obwohl er noch bis 1988 gebaut wurde.

Die erste Manta-Version, der "A" kommt 1970 und wird 1975 abgelöst vom Dauerbrenner "Manta B", der sich bis 1988 im Opel-Programm

Manta A (1970-1975)

Styling-Studie für Manta A-Sportmodelle

OPEL MANTA

Manta B Luxus

Wettbewerbsversion für die Safari-Rallye (1984)

OPEL MANTA

Opel Manta A (1972)

OPEL MANTA

hält. Aber dann findet er kaum noch Käufer. Der "Maurer-Porsche" (Spottname) wird gestrichen.

Was bei Opel 1970 eigentlich als Familiensportwagen gedacht war, gerät mit dem "B" im Laufe der Bauzeit immer "heisser". Kaum ein "B", der nicht mit Teilen von Tunern wie Irmscher oder anderen aufgemotzt ist: Spoiler, Seitenschweller, Breitreifen usw. Als im Juni 1988 der letzte Manta montiert wird ist es der 1.056.436.

Technische Daten: Manta A 1600 ab 1970 (in Klammern: Manta B 1600 ab 1975)
Motor: Vierzylinder Reihe, Hubraum: 1.584 ccm, Leistung: 68 PS/50 kW bei 5.200 U/min (60 PS/44 kW bei 5.000 U/min), Spitze: 154 km/h (150 km/h), Verbrauch: 12 Liter (9,4 Liter)

Ein Ungetüm in schwarz: Der Bächi-Manta

Die letzten Manta werden montiert (1988)

BMW M1

Bis zu 360 km/h

Im Frühjahr 1978 ist es so weit: BMW's grosses Mittelmotor-Coupé wird auf dem Münchner Olympia-Gelände vorgestellt. Eigentlich gedacht für den Rennsport-Einsatz, werden immerhin 446 Strassen-M1 von 1978 bis 1981 gebaut. Zur Freude derjenigen BMW-Sportwagenfans, die schon 1972 vergeblich auf eine Serienversion des Turbo-Mittelmotor-Coupés gewartet hatten.

Die Super-Rennausführungen, die Geschwindigkeiten bis zu 360 km/h erreichen, werden bei den neu ins Leben gerufenen Procar-Rennserien im Rahmen von acht europäischen Grand-Prix-Rennen eingesetzt. Die Idee der Procar-Rennserien: die Stars auf identischen Rennwagen gegen die erfolgshungrige Meute der Zweit-Bundesligisten des Motorsports antreten zu lassen. Die Rechnung ging auf. Als sich die Attraktion herumgesprochen hatte, kam zu den Trainingstagen der

BMW M1 Strassenversion (1978)

Technische Daten:
Motor: Sechzylinder Reihe, Hubraum: 3.453 ccm, Leistung: 277 PS /204 kW bei 6.500 U/min, Gewicht: 1.300 kg, Spitze: 260 km/h, Preis: 113.000 DM (1981)

BMW M1 Strassenversion mit 250 PS (1978)

BMW M1

BMW M1 (1978-1981)

Fahrercockpit BMW M1

der Formel 1-Rennen das Zwei- bis Dreifache an Zuschauern in die Arenen. Und die hatten ihren Spass an den Rennen im Rahmen der Grand Prix, bei denen sich letztlich Niki Lauda und Hans Stuck als die Besten erwiesen. Aber nicht immer: Für die Leute auf den Steintribünen des Hockenheimer Motodroms war es 1979 schon interessant, wie unbekannte Fahrer das Motorsport-Establishment aussteigen liessen.

BMW M1

Transporter mit den 6 Werks-M1 für Formel 1 (1979)

BMW M1 Procar Serie. Niki Lauda am dem Weg zum Sieg in Monte Carlo (1979)

AUDI QUATTRO

Der Allrad-Trendsetter

Der Audi Quattro, auf dem Genfer Salon 1980 präsentiert, vervollständigt nicht nur das Audi-Programm, er wird auch zum Trendsetter dieser Antriebstechnik.

In allen Modellreihen bietet Audi zumindest eine Quattro-Version an. Mit dem Spitzenmodell, dem 300 PS starken Sport Quattro, unterstreicht Audi die sportlichen Ambitionen. Dem Sport Quattro, der schon bald den Kampf um Punkte aufnimmt, folgt der 200 Quattro als Spitzenmodell der Allradflotte aus Ingolstadt. Der 90 Quattro führt die Konzeption in der Mittelklasse weiter. In den zehn Jahren seit 1980 werden über 183.000 Audi-Quattro zugelassen. Im Rallyesport feiert er genauso seine Siege wie im automobilen Alltag. Walter Röhrl und Hans-Joachim Stuck starten für Audi auf dem 415 PS starken V8 Quattro: 3.561 ccm Hubraum, 400 PS (294 kW) bei 8.000 U/min, permanenter Allradantrieb, vollsynchronisiertes Sechsganggetriebe, Einzelradaufhängung, hydraulische Zweikreisbremsanlage, Serienkarosserie, Stahlkäfig mit Karosserie verschweisst.

AUDI QUATTRO

Walter Röhrl und Hans-Joachim Stuck im Audi V8 Quattro. Unten: Walter Röhrl

AUDI QUATTRO

Audi V8 Quattro

MERCEDES BENZ 280 SL-500 SL

Sportlichkeit mit Limousinenkomfort

Die dritte SL-Generation steht an. Und es ist gleich ein ganze Palette verschiedener Versionen, die Daimler-Benz ins Rennen schickt. Als erster kommt der 350 SL (1970 -1980). Dann folgen: 280er, 300er, 380er, 420er, 450er und 500er. Bis auf den 280, der mit einem Sechszylinder-Reihenmotor angetrieben wird, werden V8-Motoren verwendet.

Definiert wird der "SL"-Effekt als "Sportlichkeit mit Limousinenkomfort". Die sportlichen Zweisitzer sind offen oder mit Coupédach zu fahren. Die gleichermassen rassige wie repäsentative Formgebung ist aerodynamisch noch günstiger geworden. Erwähnenswert sind das Vierspeichenlenkrad und die Schräglenker-Pendel-Hinterachse.

Roadster 450 SL (1971-1980

Roadster 350 SL mit abnehmbarem Coupédach

MERCEDES BENZ 280 SL-500 SL

SL in der Steilkurve

280 SLC-Coupé mit vier Sitzen (1974-1981)

Nach 30 Jahren kommt 1985 erstmals wieder ein 300 SL. Er trägt den neuen 3-Liter-Motor, der auch in der S-Klasse zu finden ist. Mit 188 PS erreicht er eine Spitzengeschwindigkeit von 200 km/h, der 500 SL mit 245 PS erreicht 225 km/h. Knapp 250.000 SL und SLC werden in der Bauzeit von 1971 bis 1985 hergestellt.

In die neunziger Jahre startet Daimler-Benz mit einer neuen SL-Reihe, die mit grosser Begeisterung aufgenommen wird. Wer nicht sehr früh bestellt hat, muss lange warten. Preise, die weit über dem Listenpreis liegen, werden für fällige Verträge geboten.

Roadster 280 SL (1974-1985)

Der 190 PS (140 kW) starke Motor des 300 SL führt zu einer Spitzengeschwindigkeit von 228 km/h. Von null auf 100 benötigt der Roadster 9,3 Sekunden. Ein neuer, klappbarer Überrollbügel, der sich vor einem drohenden Überschlag automatisch aufstellt, sorgt für noch mehr Sicherheit. Als neue Sonderausstattung gibts ADS: "Adaptives Dämpfersystem", das die Dämpferabstimmung kontinuierlich an Strassenrand, Beladung und Fahrweise anpasst.

Roadster 350 SL (1975-1985)

Mercedes Benz Roadster 500 SL (ab 1985)

Der ganz neue Mercedes-Benz 300 SL

BMW 850 i

Der weiss-blaue Zwölfzylinder

Er ist ein Star auf der IAA 1989: Der Zwölfzylinder-BMW. Man sieht ihn kaum, so ist er umlagert. Ein luxuriöser 2+2sitziger Sportwagen mit vielen technischen Neuerungen. Der Fünf-Liter-Motor mit 220 kW/300 PS und einem maximalen Drehmoment von 450 Newtonmeter beschleunigt das 1790 kg-Coupé in 6,8 Sekunden aus dem Stand auf Tempo 100 km/h. Die Höchstgeschwindigkeit ist elektronisch auf 250 km/h begrenzt.

Aber nicht nur technisch hat der 850 i viel zu bieten. Auch optisch. Der extrem flach Kühlergrill, die langgestreckte Motorhaube: Er kann sich sehen lassen.

Zwei Zwölfzylinder: BMW 850i und 750i

Der BMW 850i präsentiert sich vor seinen Ahnen

BMW 850 i

BMW 850 i (1990)

Neu beim 850 i: Sechsgang-Schaltgetriebe, Integral-Hinterachse, Automatische Stabilitätskontrolle (ASC), sitzintegriertes Gurtsystem, das BMW erstmals in einem Serienfahrzeug einbaut, Klappscheinwerfer, regenerierende Stossfänger, Informationssystem in der Mittelkonsole.

Zur Serienausstattung gehören aerodynamisch geformte, beheizte Aussenspiegel, Geschwindigkeitsregulierung, Klimaautomatik mit Partikelfilter, Fahrerscheibenwischer mit geschwindigkeitsabhängig geregeltem Anpressdruck.

Wortschöpfungen, an die man sich erst gewöhnen muss!

OPEL CALIBRA

Der Aerodynamik-Weltmeister

Opel Calibra (1990)

Die Vorstellung seines neuen Erfolgs-Coupés übernimmt er selbst: Luis R. Hughes, 41-jähriger Chef der Adam Opel AG, bemüht Deutschlands Auto-Jounalisten nach Monte Carlo. Und was dort im Hotel de Paris vorgeführt wird, kann sich sehen lassen. Der viersitzige Calibra ist mit dem c_w-Wert von 0,26 Aerodynamik-Weltmeister, zeigt eine rasante Keilform mit grosser Heckklappe und kann auf eine umfangreiche Serienausstattung verweisen: Servolenkung, Leichtmetallräder, Fünfganggetriebe, beheizbare Aussenspiegel, Cassetten-Radio mit sechs Lautsprechern, getönte Scheiben. Nicht serienmässig: Zentralverriegelung, elektrische Fensterheber, Klima-Anlage, Bordcomputer, Schiebedach.

Opel Calibra (1990). Abblend- und Fernlicht, Nebel- und Blinkleuchten: alles unter einem gemeinsamen Deckglas.

OPEL CALIBRA

OPEL CALIBRA

Die Instrumente des Calibra (1990)

Für den Calibra stehen zwei Vierzylinder-Motoren mit geregeltem Katalysator zur Wahl: der 2.0i mit 85 kW/115 PS (205 km/h) und der 16V mit 110 kW /150 PS (223 km/h) und Vierventil-Technik. Ab Oktober 1990 kann das Coupé mit dem Allradantrieb der dritten Generation ausgerüstet werden, der auch im Vectra 4x4 zum Einsatz kommt. Ausserdem bietet der Calibra in Verbindung mit dem 85-kW/115-PS-Motor wahlweise eine elktronisch geregelte Vierstufen-Automatik.

Zum Thema Umweltverträglichkeit: Der Calibra fährt mit asbestfreien Brems- und Kupplungsbelägen, cadmiumfreien Kunststoffteilen, wartungsfreien Batterien und blei- und chromfreien Lakken. Ausserdem ist er recht sparsam: zwischen 5,8 und 11,9 Liter (laut Werksangaben).

Starkes Trio: Opel Calibra (1990)

Opel Calibra (1990)

Für kompromisslose Fahrer

Mit seinem 5 Liter Vierventil-Achtzylinder zählt er zur absoluten Spitzenklasse: Der Porsche 928, mit einem Preis von rund 150.000 DM nicht gerade für Jedermanns Geldbeutel geschaffen. Aber auch Geld allein weist ihn nicht aus, den 928-Fahrer: "Der 928 GT ist der Porsche für den kompromisslosen Fahrer von Luxus-Fahrzeugen, bei dem Leistung und Sportlichkeit absolute Priorität geniessen", heisst es in der Porsche-Presse-Information.

Der 928 bietet eine Menge technische Highlights. Erstmals in einem Serienauto: Ein Reifenluftdruck-Kontrollsystem. Weiter: elektronisch gesteuertes Informations- und Diagnosesystem und das im Herbst 1989 eingeführte elektronisch gesteuerte Porsche Sperrdifferential.

Porsche 928 GT (Modelljahr 1991)

Porsche 928 S4 (Modelljahr 1991)

PORSCHE 928

Porsche 944 Turbo (Modelljahr 1991)

Porsche 944 S2 Cabrio (Modelljahr 1991)

Technische Daten:

Porsche 928 GT (Modelljahr 1991)
Motor: Achtzylinder Viertakt V-förmig, Hubraum: 4.957 ccm, Leistung: 243 kW (330 PS) bei 6.200 l/min, Gewicht: 1.580 kg, Beschleunigung: von 0 auf 100 km/h in 5,8 Sekunden, Spitze: 275 km/h, Verbrauch: 9,7 bis 21,9 Liter, Preis 148.380 DM

Porsche 944 Turbo (Modelljahr 1991)
Motor: Vierzylinder Viertakt Reihe, Hubraum: 2.479 ccm, Leistung: 184 kW (250 PS) bei bei 6.000 l/min, Gewicht: 1.400 kg, Beschleunigung: von 0 auf 100 km/h in 5,9 Sekunden, Spitze: 260 km/h, Verbrauch: 7,1 bis 13,3 Liter, Preis: 97.175 DM

Dank für Abbildungen

BMW AG, München; Porsche AG, Stuttgart; Adam Opel AG, Rüsselsheim, Daimler-Benz AG, Stuttgart; Audi AG, Ingolstadt; Jan Fusaro, Weilheim; Reinhard Lintelmann, Espelkamp; Volkswagenwerk AG Wolfsburg; Ford Werke AG, Köln; Eckhart Bartels, Ronnenburg; Autopress, Neckarsulm; Peter Michels, Rehsiepen; Rudi Heppe, Brilon; Automuseum Ibbenbüren bei Osnabrück; Hans Thudt, Oberursel, Automobilhistorischer Bilderdienst in Braunschweig; Johannes Kuhny, Menden.

Literatur Verzeichnis

Stern, verschiedene Ausgaben; Automoil- und Motorradchronik, verschiedene Jahrgänge; Motor Klassik, verschiedene Ausgaben; Auto, Motor und Sport, verschiedene Jahrgänge; Rad der Zeit, verschiedene Jahrgänge; Gloor: PKW der sechziger Jahre; Oswald: Deutsche Autos; Hubmann: Die Adenauer-Zeit; Oswald: Mercedes-Benz Personenwagen 1886 bis 1984; Chronik des 20. Jahrhunderts; Michels: Vom Blitzkarren zum grossen Borgward, Bartels: Opel-Personenwagen; Lintelmann: NSU-Personenwagen, Weis/Thudt: Ford-Personenwagen; Bartels/Manthey: Das Opel Manta Buch; Kuhny: Das Ford-Escort-Buch; Kuhny: Das Ford Capri Buch; Lintelmann: Autos der sechziger Jahre; Lintelmann: Das BMW V8 Buch; Bartels: Das Opel Kapitän Buch, Michels: Fiat-PKW; Schrader: BMW Automobile; Gloor: Nachkriegswagen; Chronik-Mercedes-Benz-Fahrzeuge; Heppe: VW Personenwagen;

Lieferbare Podszun Motorbücher

Die Typenreihe

Eckhart Bartels: **Das Opel Kapitän Buch**
Bartels/Manthey: **Das Opel Manta Buch**
Peter Michels: **Das Borgward Isabella Buch**
Johannes Kuhny: **Das Ford Capri Buch**
Johannes Kuhny: **Das Ford Escort Buch**
Reinhard Lintelmann: **Das BMW V8 Buch**
H.O. Meyer-Spelbrink: **Das Citroen DS Buch**

Die Markenreihe

Peter Michels: **Borgward-Personenwagen**
Weis/Thudt: **Ford-Personenwagen**
Reinhard Lintelmann: **NSU-Personenwagen**
Fred Steininger: **Fiat-Personenwagen**
Eckhart Bartels: **Opel-Personenwagen**
Udo Bols: **Mercedes-Personenwagen**
H.O. Meyer-Spelbrink: **Citroen-Personenwagen**
Rudi Heppe: **VW-Personenwagen**

Die Wirtschaftswunderreihe

Bernd Regenberg: **Lastwagen Band 1**
Bernd Regenberg: **Lastwagen Band 2**
Bernd Regenberg: **Lastwagen Band 3**
Reinhard Lintelmann: **Roller & Kleinwagen**
Reinhard Lintelmann: **Autos der Sechziger**
Brigitte Podszun: **Autos der Fünfziger**
Brigitte Podszun: **Motorräder der Fünfziger**
Brigitte Podszun: **Mopeds der Fünfziger**

Verschiedene

Piepenburg/Klein: **Mille Miglia**
Manfred Nabinger: **Fahrradmotoren**
Maier/Meyer-Spelbrink: **Amerikanische PKW**

Lieferbare Podszun Motorbücher

Die Typenreihe

Eckhart Bartels: **Das Opel Kapitän Buch**
Bartels/Manthey: **Das Opel Manta Buch**
Peter Michels: **Das Borgward Isabella Buch**
Johannes Kuhny: **Das Ford Capri Buch**
Johannes Kuhny: **Das Ford Escort Buch**
Reinhard Lintelmann: **Das BMW V8 Buch**
H.O. Meyer-Spelbrink: **Das Citroen DS Buch**

Die Markenreihe

Peter Michels: **Borgward-Personenwagen**
Weis/Thudt: **Ford-Personenwagen**
Reinhard Lintelmann: **NSU-Personenwagen**
Fred Steininger: **Fiat-Personenwagen**
Eckhart Bartels: **Opel-Personenwagen**
Udo Bols: **Mercedes-Personenwagen**
H.O. Meyer-Spelbrink: **Citroen-Personenwagen**
Rudi Heppe: **VW-Personenwagen**

Die Wirtschaftswunderreihe

Bernd Regenberg: **Lastwagen Band 1**
Bernd Regenberg: **Lastwagen Band 2**
Bernd Regenberg: **Lastwagen Band 3**
Reinhard Lintelmann: **Roller & Kleinwagen**
Reinhard Lintelmann: **Autos der Sechziger**
Brigitte Podszun: **Autos der Fünfziger**
Brigitte Podszun: **Motorräder der Fünfziger**
Brigitte Podszun: **Mopeds der Fünfziger**

Verschiedene

Piepenburg/Klein: **Mille Miglia**
Manfred Nabinger: **Fahrradmotoren**
Maier/Meyer-Spelbrink: **Amerikanische PKW**